JN127303

# 失敗しない商品企画教えます

リアル事例で学ぶ最強ツールP7の使い方

神田範明［編著］
小久保雄介［著］

日科技連

# まえがき

P7(商品企画七つ道具)を提案したのが1994年，以来四半世紀を迎える．筆者が商品企画の改革を志した1990年頃，商品企画の書籍は「企画書の書き方」に類するものしかなかったが，P7を発表後，幸いにも出版やセミナーの機会に恵まれ，多くの方々に受け入れていただいた．計り知れないほどの企業人，学生諸君にこの手法を教え，共に商品企画を実施してきた．

当初「商品企画」は一部の創造的な人たちの発想から生まれるもので，システマティックな方法論などあり得ない，無理だなどと批判されることもあった．それが，今や，

- 仮説を顧客から効率的に収集する方法(1.3.1項を参照)
- アイデアを1時間に30件創出するシステマティックな方法(1.3.2項を参照)

などで誰もが大量に(200〜500件)仮説案を集めて検討し，

- アンケート調査のデータから顧客が目指す方向を適確に決定する方法(1.3.5項を参照)
- 最良の組合せによる企画案を決定する方法(1.3.6項を参照)

などで企画案を客観的な数値で表現して，誰が「買っていただけそうなターゲット層」か，その方々に「どれだけ受容されるか」を，まるで「○○地域に雨の降る確率が80%」といった天気予報のように算出する，そんな手法を編み出してきた．

本書では商品企画に新風を吹き込んできた歩みを踏まえて，

① 支えて来た手法の概要

② なるべく(既発表でない)新しい・有用な事例

を紹介し，次の時代への橋渡しを行う．

本書は商品企画七つ道具(以降「P7」と略す)および新・商品企画七つ道具

(以降「Neo P7」と略す)双方の実践事例集である．過去にもP7の活用事例は神田ら[12] [13](商品企画七つ道具実践シリーズ第3巻『ヒットを生む商品企画七つ道具 すぐできる編』，『顧客価値創造ハンドブック』)があったが，今回はP7，Neo P7を合わせて多くの事例を収集し，各々できる限り詳細に記述した．ただし，企業との産学協同事例は一部割愛した内容(会社名，アイデアなど)もあることはご容赦いただきたい．

一般的な消費財のみならず，B to B分野やサービスに至るまで極めて多様な業種，商品を解説しているので，各業界の企画担当者はもちろんのこと，研究開発・設計などの技術スタッフにも活用していただければ誠に幸いである．特に，商品企画で失敗が多い，ヒット商品が生まれない，生み出したいがやり方がわからないというすべての方々の参考書になることを願っている．

本書の構成は以下のようになっている．

第1章　商品企画七つ道具の概要

商品企画七つ道具についての概要を学生の事例を通じて説明している．Neo P7手法とその使い方について理解を深める内容となっている．

第2章，第3章　耐久消費財についての事例

耐久消費財についてNeo P7で行った産学協同企画事例を紹介する．第2章は住宅メーカー，第3章はB to B事例としてオフィスチェアについての事例である．

第4章，第5章，第6章　非耐久消費財についての事例

ここからは非耐久消費財事例として第4章では花王の紙おむつ「メリーズ」で実際に行われたP7の事例，第5章は中小企業がもつ技術シーズを活かした商品開発事例，第6章は女性向けファンデーションの事例である．第4章，第6章の事例はP7の成功事例であり，売上を大きく伸ばしたものであった．第5章については実際に執筆時点で上市検討中の商品となっている．

第7～12章　サービスについての事例

サービスについての事例は筆者らが日本品質管理学会のサービス商品企画に関する研究会で企業と実施した事例，神田ゼミナール学生の卒業研究事例，ドリームプランナー（企業商品企画者向けの研究会）で実施した優秀事例などである．

以上のように本書は幅広く生きた活用事例を掲載した．まずは読者の業種に近いところから読んでいただいた後にさまざまな分野の事例を見ていただきたい．

各章にはそれぞれの事例の読みどころを最初に載せているので，実務で悩んでいる部分とマッチしている内容であればそこから読むことをお勧めする．さらに第13章にはFAQと題して実際に企画セミナーや産学協同企画などで企業の方から出てくる質問に回答している．これも一読することをお勧めする．

本書編集にあたり，多くの企業の方々，成城大学神田ゼミナール卒業生，ドリームプランナー参加者の皆様，㈲企画システムコンサルティングの石川朋雄氏から多大なご理解とご協力をいただいた．心より謝意を表したい．また，多くの事例を書き下ろす厄介な仕事を引き受けてもらった成城大学の小久保雄介氏と，本書の企画段階から最後まで情熱と粘り強さでお世話いただいた日科技連出版社の鈴木兄宏氏のご両名には特に深く感謝したい．

読者が本書によって多くのヒントや示唆を得て，続々とヒット商品を生み出すことを願ってやまない．

2019年2月

編著者　神　田　範　明

# お読みになる前に

## ◆「アイデア」と「仮説」の混在

アイデアは商品のイメージを形づくった「コンセプト」の構成要素(一部分)であり，仮説はそのコンセプトがある顧客に要望されていることを述べたものです．以降，慣用的に「アイデア」と「仮説」が混在して使われることになることをご承知ください．例えば「100g 以下の超軽量 PC」は一つの「アイデア」に過ぎませんが，それがあるターゲット層に向けたヒット商品になるであろうことを期待して創出しているので，「仮説」とみなしてもほぼ同じことです．

慣用的に「仮説発掘アンケート」を「アイデア発掘アンケート」とは呼ばず，「アイデア発想法」では「仮説発想法」と呼びませんが，両方ともにアイデアを創出し，それらがすべて仮説になる，というところは同じ狙いです．

失敗しない商品企画教えます

## 目　次

まえがき …………………………………………………………………………………… iii
お読みになる前に ……………………………………………………………………………… vi

**第1章　商品企画七つ道具とは**
最強のツール P7・Neo P7 の概要 ———————————— 001
1.1　はじめに ………………………………………………………………………………… 001
1.2　Neo P7 の大要 ………………………………………………………………………… 002
1.3　各手法の解説（USB メモリーの事例） ………………………………………………… 005
●1.3.1　仮説発掘法 …………………………………………………………………… 005
●1.3.2　アイデア発想法 ……………………………………………………………… 007
●1.3.3　インタビュー調査 …………………………………………………………… 011
●1.3.4　アンケート調査 ……………………………………………………………… 016
●1.3.5　ポジショニング分析 ………………………………………………………… 019
●1.3.6　コンジョイント分析 ………………………………………………………… 021
●1.3.7　品質表 ………………………………………………………………………… 024

**第2章　働く女性のニーズに応える賃貸住宅** Neo P7
独りでゆったりしたくなる夢空間 ———————————— 027
2.1　はじめに ………………………………………………………………………………… 027
2.2　仮説発掘法 ……………………………………………………………………………… 028
2.3　グループインタビュー ………………………………………………………………… 030
2.4　アンケート調査 ………………………………………………………………………… 031
2.5　コンジョイント分析 …………………………………………………………………… 038
2.6　まとめ …………………………………………………………………………………… 042

**第3章　「座りたい！」と思わせるオフィスチェアの開発** Neo P7
B to B 企業もエンドユーザー志向の商品企画 ———————— 043
3.1　はじめに ………………………………………………………………………………… 043
3.2　仮説発掘法 ……………………………………………………………………………… 044
3.3　アイデア発想法と仮説の絞り込み …………………………………………………… 044
3.4　グループインタビュー ………………………………………………………………… 046

3.5　アンケート調査 ………… 046
3.6　ポジショニング分析 ………… 047
3.7　コンジョイント分析 ………… 050
3.8　まとめ ………… 051

第４章　花王の紙おむつ「メリーズ」ヒットの秘密　P7
消費者ニーズを技術シーズで開花！ ―― 053
4.1　はじめに ………… 053
4.2　インタビュー調査（評価グリッド法） ………… 055
4.3　アンケート調査とポジショニング分析 ………… 055
4.4　アイデア発想法 ………… 056
4.5　品質表 ………… 057
4.6　まとめ ………… 058

第５章　中小企業がもつ技術を活用した画期的食品の企画　Neo P7
高カロリー食品を食べなかったことにするって!? ―― 061
5.1　はじめに ………… 061
5.2　仮説の創出 ………… 062
5.3　グループインタビュー ………… 067
5.4　アンケート調査 ………… 069
5.5　ポジショニング分析 ………… 071
5.6　コンジョイント分析 ………… 072
5.7　最終コンセプト・商品化 ………… 075

第６章　大人の女性向けファンデーションの商品企画　P7
30代後半からの理想を追求した化粧品 ―― 077
6.1　はじめに ………… 077
6.2　インタビュー調査 ………… 078
6.3　アンケート調査とポジショニング分析 ………… 078
6.4　アイデア発想法 ………… 087
6.5　コンジョイント分析 ………… 087

6.6 商品化 ……… 089

第 7 章 働く女性のための楽しく・おいしい間食(残業食)の提案 Neo P7
2013 年度ドリームプランナー事例より ——— 093
7.1 はじめに ……… 093
7.2 インタビュー調査 ……… 094
7.3 アンケート調査 ……… 095
7.4 コンジョイント分析 ……… 099
7.5 最終提案 ……… 104

第 8 章 家電購入を促すための仕掛けづくり Neo P7
購入後まで視野に入れた総合サービス企画 ——— 107
8.1 はじめに ……… 107
8.2 仮説発掘アンケート ……… 107
8.3 アンケート調査とポジショニング分析 ……… 110
8.4 コンジョイント分析 ……… 114
8.5 最終提案 ……… 117

第 9 章 自動車販売会社でのサービス設計 P7
お客様の心をつかんで離さない営業方法とは? ——— 119
9.1 はじめに ……… 119
9.2 仮説の創出 ……… 119
9.3 グループインタビュー ……… 120
9.4 アンケート調査 ……… 121
9.5 まとめ ……… 130

第 10 章 飼えない方がペットと触れ合える癒し空間の企画 Neo P7
2014 年度ドリームプランナー事例より ——— 131
10.1 はじめに ……… 131
10.2 アイデア発想法 ……… 131
10.3 インタビュー調査(グループインタビュー) ……… 134

10.4　アンケート調査 …… 135
10.5　コンジョイント分析 …… 141
10.6　最終提案 …… 145

第11章　アニメファンが歓喜する聖地巡礼プランの提案　P7
2011年度神田ゼミナール卒業研究より —— 147
11.1　はじめに …… 147
11.2　インタビュー調査 …… 148
11.3　アンケート調査とその分析 …… 149
11.4　コンジョイント分析 …… 154
11.5　最終コンセプト …… 158

第12章　親も子も大満足！　親孝行サービスプランの開発　P7
2012年度ドリームプランナー事例 —— 161
12.1　はじめに …… 161
12.2　グループインタビュー …… 161
12.3　アンケート調査 …… 167
12.4　アイデア発想法 …… 172
12.5　コンジョイント分析 …… 172
12.6　最終提案 …… 177

第13章　FAQ　あなたの疑問に答えます！ —— 179

参考文献 …… 189
索　　引 …… 191

# 第1章 商品企画七つ道具とは

最強のツールP7・Neo P7の概要

## 1.1 はじめに

数々のヒット商品企画を支え，定番ツールとなったP7(商品企画七つ道具)が，大量仮説の創出を旨とするNeo P7(新・商品企画七つ道具)として，産業界のニーズに応えるシステムに進化した.

1994年6月，日本科学技術連盟のシンポジウム[1]で初めて公表されたP7は「多変量解析」,「実験計画法」などの科学的分析ツールを取り入れて，通常の「感覚，感性中心」の定性的(文系的)マーケティングツールに比べて定量的(理系的)手法を巧みに配し，消費者の方向性を適確に把握することが可能となった．2000年に一部改訂したP7-2000[10][11](以下単にP7と呼ぶ)が**図表1.1**，現在のNeo P7[18]が**図表1.2**である．両者を比べると考え方と適用対象の違いがわかる.

P7は既存カテゴリーの商品の検討から新たな商品を探るのに適している．画期的アイデアがそう多数出るわけではないが，使いやすいタイプである．これに対してNeo P7は「仮説発掘法」,「アイデア発想法」を先頭に置いて，既存カテゴリーにとらわれず，自由な商品イメージを展開し，画期的な新商品を発掘するのに適している．インタビュー調査，アンケート調査の役割は，Neo P7では「仮説検証」を主目的としている．特に，インタビュー調査の役割が軽くなり，時間・費用の節減にもなる．最初の段階から新規仮説を立案することになるが，後述するように，「システマティックに」,「スムーズに」大量に

図表 1.1　P7 システムの流れ図



図表 1.2　Neo P7 システムの流れ図

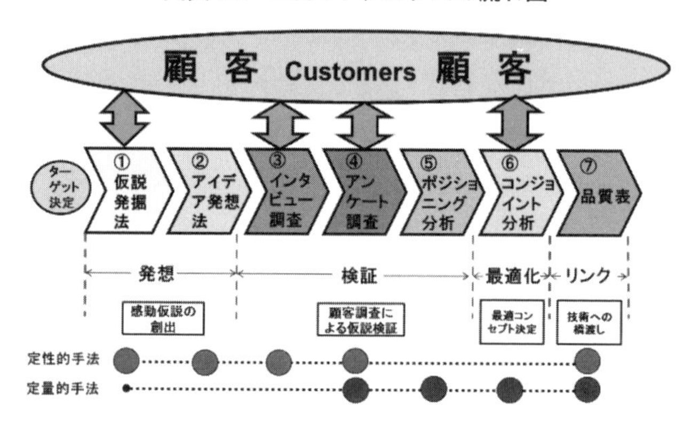


仮説を創出できる方法になっている.

# 1.2 Neo P7 の大要

本節では，Neo P7 の各手法をごく簡単に説明する．第 2 章以降での多数の事例を読むうえでのわかりやすさのために，1.3 節で神田ゼミナールの学生の事例を用いて，図表を交えて解説する．しっかり理解していただくには，詳細に解説した拙著『神田教授の商品企画ゼミナール』(日科技連出版社)[18] を参照願いたい．

手法の流れに入る前に，ターゲット層を設定する．自由な仮説を追求するには，あまり詳細に設定せず，「おおまかに」がポイントである．例えば「20代～30代女性会社員で，○○を日常使用している方」，「40代以上の中高年男性で××に悩む方」程度でよい．後の分析の結果からターゲット層を絞っていく．



### (1) 仮説発掘法

ターゲット層にあたる顧客の方々から情報を得て，潜在ニーズの仮説を大量に発見する方法で．初心者の方でも実施しやすい2つの手法がある．①フォト日記調査は，顧客が撮影した写真(または記録)とコメントで構成され，使用実態や意識・不満などがリアルにわかり，そこから企画者自身が多様な仮説案を創出できる．②仮説発掘アンケートは，仮説的なアイデアを顧客自身に記述してもらうアンケートで，記入しやすい工夫の数々によって，一気に100件単位の仮説案を顧客から得ることができる．

### (2) アイデア発想法

発想法ではユニークなアイデアを企画者自身が短時間に多数創出できる手法を用いる．3種類の特徴の異なる方法があり，①焦点発想法は，初心者でも活用できる簡単かつ万能な連想型の発想法で，1時間で30件程度のアイデアを創出できる．②アナロジー発想法は，常識を逆転させる発想法で，画期的なアイデアを一気に創出できる．既存商品の固定観念を覆したい場合に向いている．③ブレインライティングは，数名のグループで知恵を出し合って短時間にアイデアを創出したいときに向いている．

### (3) インタビュー調査

ここまでで得た仮説(100件以上が普通！)の実現可能性などを評価して10～20件程度に絞ったうえで，インタビュー調査で顧客の意識・欲求などを探り，仮説を定性的・直観的に検証する．①グループインタビューは，数名の顧客のグループディスカッションで仮説案の評価をしてもらい，修整や追加・削除を行う．②評価グリッド法は，顧客と一対一で仮説案を2つずつ比較評価してもらう方法で，顧客の評価構造が明確に把握でき，初心者でも簡単に実施できる．

### (4)　アンケート調査

最もポピュラーな手法であるが，Neo P7 では，仮説の定量評価を第一の目的とする．

通常 10 項目前後の評価項目を用いて 5 段階評価で各仮説を評価してもらい，グラフ化して仮説案を比較し，改善すべきポイントを明らかにする．

### (5)　ポジショニング分析

アンケート調査で得た仮説の評価点を用い，「因子分析」で集約された総合的な軸を描き，各仮説ごとの位置を表示したマップをつくる．顧客が購買意欲を最も高めるような方向(理想ベクトル)を表示し，簡単に最良の仮説案と各軸の重要度を見出すことができ，プレゼン効果も非常に大きい．

### (6)　コンジョイント分析

コンジョイント分析は，コンセプトの細目を固めるための大変強力な手法である．性能，付加機能，材質，デザイン，価格などの商品構成要素を組み合わせた具体的パターンを作成し，商品に近いイメージを顧客に提示して評価してもらい，そのデータを解析して最適水準の組合せと，購買意向の点数を求める．「顧客の意見」(担当者の意見ではなく)から商品コンセプトが決定されるので，「必ず売れる商品」が導かれる．

### (7)　品　質　表

コンジョイント分析で得た最適コンセプトを基本にして，顧客側として実現してほしい期待事項，それと関連をもつ技術特性を列挙，両者をマトリックス状に関連づけ，コンセプトを技術の言葉に変換する．これによってコンセプトを確実に技術的に実現する道を開き，重要特性や開発のボトルネックもこの表の中から明らかにできる．

ただし，本書ではほとんどの事例で品質表は省略されていることをお断りしておく．技術的側面は企画より「開発」の分野になるため，商品企画の業務から外れることが多いためである．

# 1.3 各手法の解説(USB メモリーの事例)

以下の事例は神田ゼミナールの学生(2016 年度 2 年生の岩本理空，邑上彩果，本城桃香，重田祐子の 4 氏)がゼミナールの企画演習として自らテーマを決め，研究した内容である．



## 1.3.1 仮説発掘法

### (1) フォト日記調査

フォト日記調査は，顧客が撮影した写真(または記録)とコメントをデータファイルで収集し，**図表 1.3** のような仮説抽出シートに転記し，左から 5 列までは日記を書いた方のデータをまとめて転記し，右の列には自分自身の考えと仮説案を記入する．

属性の異なる 10〜20 名程度に依頼し，多様なシーンを撮ってもらう．必ずしも「日記」である必要はなく，商品使用の現状や顧客の不満がきちんと把握できればよい．

USB メモリーの場合，使用実態や気分がわかり，そのヒントから，多様な仮説案を創出できた．

### (2) 仮説発掘アンケート

仮説発掘アンケートとは，**図表 1.4** のような独特な会話体のアンケートに回答者自身のアイデアを記入してもらう方法(小久保 [21] [22])である．5〜10 分程度で記入できるため，一気に多数のアイデアを収集できる．メールや SNS で知己に配布しても，結構な数の回収が望める方法である．

もちろんすべてが高質なアイデアというわけにはいかないが，回答者の願望からたぐり寄せて出たアイデアのため，その多くは顧客ニーズを捉えている．

USB メモリーに関して，使えそうなアイデア 34 件(携帯充電機能，匂いつき，Wi-Fi が飛ばせる，保存した音楽が音楽プレイヤーに接続して再生できる，お祝いにあげられるおしゃれなタイプ，キーホルダー型など)を得た．

図表1.3　フォト日記からの仮説抽出シート（ある女子学生のUSBメモリー日記から）

| 日時 | 場所 | 内容 | 状況 | 感想・印象・思い | 着目点・不満点 | 仮説案 |
|---|---|---|---|---|---|---|
| 5月26日<br>16：20 | 学生<br>ホール | 普通サイズUSB<br>レポート作成作業 | 一人で黙々と | 周囲の学生も静かに頑張っていて，集中できた | • PCが起動するまで時間がかかり，退屈<br>• USBに結果がきちんと保存されたか心配 | ①　暇な時間を楽しい時間に変えてくれるUSBメモリー<br>②　保存されたらランプでメッセージを発するUSBメモリー |
| 5月28日<br>21：00頃 | 自宅 | 小型USB<br>レポート作成作業 | 音楽を聴きながら | LINEの返信書いたり，少しダラダラして，効率が上がらなかった | 周囲にいろいろなものがあると注意散漫になる | ③　集中を促したり，「ガンバレ」と応援してくれるUSBメモリー |
| 6月1日<br>22：30頃 | 自宅 | 小型USB<br>ゼミ発表資料作成 | 一人で黙々と | ケータイとか見たりしなかったが，疲れてボーっとした | • やる気が出ないとテキパキできない<br>• わからない内容にぶつかるとフリーズする | ④　やる気の出る明るい曲を流してくれるUSBメモリー<br>⑤　わからない内容を察知して，対策を検索してくれるお助けUSBメモリー |

図表 1.4　仮説発掘アンケート(USB メモリーの例)

仮説発掘アンケート　　テーマ：USB メモリー

A　今まで使ったり見たりした USB メモリーでいいのがあったら教えて.
B　そうだね～,
　［　　　　　　　　　　］かな.

A　どんなとこがよかったの？
B　うん, (例：色が可愛い)
　［　　　　　　　　　　］ところが気に入った.

A　へぇーいいね！　じゃあその USB メモリーで不満なことある？
B　うーん, (例：なくしやすい)
　［　　　　　　　　　　］ところが嫌だな.

A　なるほど. どうしてその点が不満なのかな？
B　やっぱり
　［　　　　　　　　　　］じゃないとね！

A　やっぱりそうだよね！　使うなら携帯につなげるものとか,
　アロマが出るものがいいな.
B　できるかどうかはわかんないけど
　［　　　　　　　　　　］や
　［　　　　　　　　　　］や
　［　　　　　　　　　　］のような USB メモリーがあればいいな.

## 1.3.2　アイデア発想法

アイデア発想法は極めて多数あるが, ここでは商品企画に有用で, 特色のある 3 種類の方法を紹介する.

### (1)　焦点発想法

焦点発想法とは, 対象商品とはまったく無関係なものに焦点を当て, そこからアイデアを連想させる手法で, 短時間で実行できる. まず, 対象商品とはまったく無関係で, かつ自分の興味や関心のあるものに着目し, それと関連する単語を記入する(**図表 1.5** の例では「料理」に焦点を当て, 「ご飯」, 「カレー」

**図表 1.5　焦点発想法(料理から USB メモリーのアイデアを創出した例)**

| 「料理」の種類 | イメージするものや性質 | USB メモリーのアイデア |
|---|---|---|
| ご飯 | 自給率高い，日本人といえばお米 | **USB メモリー自体が容量をどんどん増やしていく** |
| カレー | ドロドロしている，具材がゴロゴロ，香りが素晴らしい | 好きな料理の香りがする(変えられる) |
| ハムエッグ | ハムが下敷きに，フライパンで焼かれる | USB メモリー(防水)を水でぬらすと色，デザインが変わる |
| グラタン | 熱々，なかなか食べられない，エビが美味しい | **夏は冷たく冬は暖かくしてくれる USB メモリー** |
| ラーメン | スープが美味しい，細麺，メガネが曇る | 専用メガネで USB メモリーが動いて見える，ペット的な |
| ハンバーガー | 具がはさまれる，食べにくい | 普段使わないときは筆箱 or 携帯と合体していて使うときだけ引き抜く |
| ポテト | 塩，縦長，指ベトベト，体に悪い | **体脂肪や血液の流れなど体調がわかる USB メモリー** |
| 寿司 | ご飯と刺身のハーモニー，醤油も大事 | **USB メモリーに付属品を合体させると容量が増える** |
| サラダ | 野菜だけではあまり美味しくない，ドレッシングやハムがあると美味しい | USB メモリーを忘れても内容が見られる |
| 生ハム | 生々しい，薄いピンク，厚さが薄い | PC に入れるときは薄く小さいがカバンの中では大きくなって見つけやすい |

などを記入)．次にその単語からイメージするものや性質を記入(例では，ご飯→自給率高い，など)，続いてそれをヒントに商品アイデアに発展させる(例では，ご飯→自給率高い→ USB メモリー自体が容量を増やしていく，など)．

この方法は簡便であり，慣れると 2 分で 1 件程度(1 時間に 30 件)以上，アイデアを創出できるようになる．本事例では 54 件のアイデアを創出した．

### (2)　アナロジー発想法

対象商品の常識を列挙し，それらをすべて否定し(逆設定)，発生する問題点

**図表 1.6　アナロジー発想法（USB メモリーの常識の否定からアイデアを創出した例）**

| 常識 | 逆設定 | 問題点 | キーワード | アナロジー | 商品 |
|---|---|---|---|---|---|
| 差し込んで使う | 置くだけで使える | どうやってデータを保存？ | データを飛ばす | Bluetooth | Bluetooth 対応，データを送受信できる USB メモリー |
| 愛着が持てない | 愛着が湧く | どうやって愛着を持たせる？ | しゃべる | ロボット | 差し込むと，追加された情報を教えてくれる USB メモリー |
| 使い方が一様 | 使い方が多様 | 1 つでいろいろ応用させる | 液晶画面で制御 | スマートフォン | スマホの便利機能を搭載した USB メモリー |
| 容量に限界がある | 容量に上限がない | どうやって容量を増やせるか？ | 連結する | レゴブロック | 接続部があり，レゴのように連結できる USB メモリー |

を取り上げ，その問題を解決する方向・方策を求め（キーワード），その解決を助ける手段・道具・システムなどを考え（アナロジー），商品に発展・転換していく（**図表 1.6**）．ステップがやや長いので，短時間で大量のアイデアを生む手法ではないが，既存商品の常識の否定から入るので画期的な新商品を生みやすい方法である．企画メンバーが各々単独で実行できる．

本事例では 24 件のアイデアを得た．

### (3)　ブレインライティング

数名のグループが集まり，各々のアイデアを 3 つずつ追記し，巡回させながら発展していく手法で，他人の発想が次々に回って自分に届くので刺激が多く，アイデアが出やすくなる．また，グループ間コミュニケーションが良くなり，楽しみながら発想できる．

例で説明する．まず，**図表 1.7** のような用紙（元々は白紙）を人数分用意し，まず第 1 行に各人が「このような USB メモリーであってほしい」という願望・要望（ウォンツ）を 3 つ記入する．ここでは A さんが「作業中に楽しくなる」，「なくさない，忘れない」，「持っていておしゃれ」という 3 つを記入した

**図表1.7　ブレインライティング（USBメモリーのアイデアを創出した例）**

| 回数 | アイデア① | アイデア② | アイデア③ |
| --- | --- | --- | --- |
| 1<br>(Aさん) | 作業中に楽しくなる | なくさない，忘れない | 持っていておしゃれ |
| 2<br>(Bさん) | 音楽を聴ける | 忘れそうな時に鳴って教える | バッグチャームのような |
| 3<br>(Cさん) | ポップな音楽がかかり，応援してくれる | スマホと連携し，ある程度以上離れると鳴る | ピアスやブレスレットにして身に付けることはできない？ |
| 4<br>(Dさん) | イヤホンを差し込んで音楽を聴ける | GPS搭載で，スマホで現在の位置が見られるUSBメモリー | 指輪にできると，さっと取れて使いやすいね |
| 5<br>(Eさん) | 抜くときにファンファーレが鳴ると，もっといいね | 物に付けておける | おしゃれなキーホルダー兼用でUSBメモリーっぽくないUSBメモリー |
| 6<br>(Fさん) | ミュージックプレイヤーとしても便利な液晶表示付きUSBメモリー．PCにつないで曲を簡単にダウンロードし，単独でも使える | 使用者のペンケースなどに付いて，簡単には離れない仕掛け | PCショップではなく，高級アクセサリーブランドのショップで販売 |

（同様に他のメンバーも3つずつ記入する）．約5分経過したら，用紙を全員が隣に回す．Aさんの3つのウォンツに対して隣のBさんがどういう内容か解釈し，「音楽を聴ける」などの3項目を記入する．次に隣に回し，Cさんが具体化し，「ポップな音楽がかかり，応援してくれる」などの3項目を記入する．以下同様にFさんに至るまで5回隣に回して次々にアイデアを創出し，具体化，変形，追記などを繰り返す．この間約5分×6回＝30分．途中，2つ以上前のほうの意見からつなぎたい場合は矢印(⇒)で示す(**図表1.7**の中央列のAさん⇒Eさんのように)．グループは3〜8名程度で実施できる．

本事例では，4名で実施し，計6件の優れたアイデアを得られた．

## 1.3.3　インタビュー調査

インタビュー調査とは，ユーザーに直接仮説案を尋ねてその良否を判断してもらう方法で，グループに質問する直観的な方法「グループインタビュー」と，一対一で質問する論理的な方法「評価グリッド法」の2つがある．インタビューの前に，ここまでで得た大量の仮説を絞り込むことが必要である．

### (1)　仮説の絞り込み(仮説評価)

【予備評価(対象外仮説の削除)】絞り込み目標：20〜50件

理解できないもの，抽象的すぎるもの，まったく夢のようなもの，技術的に非常に困難(5年以上はかかる)，他社・自社で既に発売されている(または発売予定)もの，自社やこのプロジェクトで扱う内容でないものなどを削除する．

本事例では，約120件の仮説を，実現可能性やコスト，実用性などで20件に削減した．

【本評価】絞り込み目標：10〜20件

① 複数の評価項目(大体3〜5項目)を用意する．

(例)　使えそう，役立ちそう，面白そう，ユニーク，楽しそうなど．

② 視点，考え方の異なる2人以上で評価する．

③ 1〜5点，0〜10点などで採点し，各仮説×評価項目ごとの平均点を出す．

④ 各評価項目にウェイトを設け，評価平均にウェイトをかけて総合評価点を出す．

(例)　役立ちそう = 30%，楽しそう = 70%のウェイト設定で，

役立ちそう = 7.5点，楽しそう = 6.0点の場合．

総合評価点 = 7.5 × 0.3 ＋ 6.0 × 0.7=6.45点

等ウェイトの場合は，単純平均点となり，

総合評価点 = (7.5 ＋ 6.0)／2 = 6.75点

**図表1.8**はUSBメモリーの仮説案を予備評価で20件に絞り込み，機能性・デザイン性・独自性・話題性の4項目で17名の学生に5段階で評価してもらった平均点である．また，**図表1.9**はそれら4項目を等ウェイトで総合評価点を求め，高い順に並べて上位7件を選択した結果を示す．

図表 1.8　各仮説案の評価平均点（USB メモリーの仮説）

| No. | 仮説案 | 各仮説案平均点 | | | |
|---|---|---|---|---|---|
| | | 機能性 | デザイン性 | 独自性 | 話題性 |
| 1 | 携帯の充電ができる | 4.24 | 1.88 | 3.29 | 4.18 |
| 2 | 学生証などになるカード型 | 3.24 | 2.29 | 3.29 | 3.29 |
| 3 | データが増えるにつれてキャラクター（お知らせや応援をしてくれる）が成長するもの | 1.71 | 3.35 | 4.41 | 3.41 |
| 4 | フリスクなどを入れられる | 2.53 | 2.29 | 4.12 | 3.29 |
| 5 | 使えば使うほどポイントが増えたりプレゼントがもらえたりする | 3.47 | 2.35 | 3.88 | 4.18 |
| 6 | ケース部分を交換できる | 2.71 | 4.00 | 3.24 | 2.76 |
| 7 | インスタントカメラ機能で携帯などを介さずに写真を撮れる | 2.76 | 2.82 | 3.29 | 3.35 |
| 8 | ファッションブランドとコラボして，カバンのチャームとして一緒に販売（例：アディダスやサマンサ） | 2.12 | 4.29 | 3.24 | 3.94 |
| 9 | Wi-Fi が飛ばせる | 4.47 | 2.29 | 3.59 | 3.88 |
| 10 | やわらかい素材でかさばらないで収納できる | 3.88 | 2.82 | 2.94 | 2.76 |
| 11 | データを保存する回路部分を交換できて容量を増やせる | 4.24 | 2.76 | 3.06 | 3.24 |
| 12 | MY キャラクターを作って保存しているデータや残り容量などを管理して表示してくれる | 3.00 | 3.24 | 3.47 | 3.00 |
| 13 | PC とつなげると熱に反応してアロマが出てくる | 2.94 | 3.41 | 3.65 | 3.35 |
| 14 | ご当地 USB メモリー．その土地の情報や写真が入っている | 2.41 | 2.47 | 3.18 | 3.12 |
| 15 | 赤外線センサーがついていて，心拍数や体温を測れる．PC と連携可 | 3.00 | 2.35 | 3.06 | 3.06 |
| 16 | 先端部分が上下左右に曲がってどの向きでも刺せる | 3.71 | 3.41 | 3.12 | 2.76 |
| 17 | 普段はサイコロ型で，展開すると USB メモリーとして使える | 2.18 | 2.76 | 2.76 | 2.18 |
| 18 | USB メモリーに差し込み部分がついていて，携帯につなげられる | 3.71 | 2.76 | 2.76 | 2.82 |
| 19 | 携帯と USB メモリーを連携させておくと，USB メモリーを忘れた際に携帯で情報を見られる | 3.88 | 2.82 | 3.06 | 3.59 |
| 20 | 何個かの USB メモリーをつなげたり，組み合わせたりできるもの（例：レゴのような感じ） | 3.00 | 3.35 | 3.47 | 3.29 |

図表 1.9　各仮説案の総合評価点(USB メモリーの仮説を評価した例)

| No. | 仮説案 | 平均点 |
|---|---|---|
| 9 | Wi-Fi が飛ばせる | 4.00 |
| 5 | 使えば使うほどポイントが増えたりプレゼントがもらえたりする | 3.47 |
| 8 | ファッションブランドとコラボして，カバンのチャームとして一緒に販売(例：アディダスやサマンサ) | 3.40 |
| 1 | 携帯の充電ができる | 3.40 |
| 13 | PC とつなげると熱に反応してアロマが出てくる | 3.34 |
| 19 | 携帯と USB メモリーを連携させておくと，USB メモリーを忘れた際に携帯で情報を見られる | 3.34 |
| 11 | データを保存する回路部分を交換できて容量を増やせる | 3.32 |
| 20 | 何個かの USB メモリーをつなげたり，組み合わせたりできるもの(例：レゴのような感じ) | 3.28 |
| 16 | 先端部分が上下左右に曲がってどの向きでも刺せる | 3.25 |
| 3 | データが増えるにつれてキャラクター(お知らせや応援をしてくれる)が成長するもの | 3.22 |
| 6 | ケース部分を交換できる | 3.18 |
| 12 | MY キャラクターを作って保存しているデータや残り容量などを管理して表示してくれる | 3.18 |
| 10 | やわらかい素材でかさばらないで収納できる | 3.10 |
| 7 | インスタントカメラ機能で携帯などを介さずに写真を撮れる | 3.06 |
| 4 | フリスクなどを入れられる | 3.06 |
| 2 | 学生証などになるカード型 | 3.03 |
| 18 | USB メモリーに差し込み部分がついていて，携帯につなげられる | 3.01 |
| 15 | 赤外線センサーがついていて，心拍数や体温を測れる，PC と連携可 | 2.87 |
| 14 | ご当地 USB メモリー．その土地の情報や写真が入っている | 2.79 |
| 17 | 普段はサイコロ型で，展開すると USB メモリーとして使える | 2.47 |

### (2) グループインタビュー

司会者が数名(通常5〜6名)のユーザーを回答者として次のような質問をし，ニーズを引き出す手法である．

- 購入・使用した商品の種類，理由，使用状況
- 商品への不満や要望
- 提示した仮説案への意見，評価

回答者がグループのため，盛り上がると，思わぬ発言から新たな潜在ニーズを発見したり，仮説案の良否や不備が指摘される．この手法では，次の点が極めて重要である．

- 司会者の上手な進行(回答者に発言を促し，盛り上げる)
- シナリオ(質問案)の準備
- 提示する仮説案が理解しやすいこと

USBメモリーの事例では，**図表1.10**のような仮説案を学生6名にインタビューし，**図表1.11**のような意見を得た．

7件の仮説に対する評価や意見から，

- Wi-Fiが飛ばせる
- 携帯の充電ができるモバイルバッテリー型

**図表1.10 グループインタビューでの仮説案(USBメモリーの例)**

| A. Wi-Fiが飛ばせる．PCに接続しつつ使用できる | B. 使えば使うほどポイントがたまり，プレゼントがもらえる | C. ブランドとコラボし，バッグチャームとして付属させる | D. モバイルバッテリーの代わりになる．PC接続時に充電する |
|---|---|---|---|
|  |  P |  |  |
| E. PCに接続することでアロマの香りを出させる | F. 携帯と連携することでUSBメモリーを忘れたときでも携帯で情報を見られる | G. レゴのように組み合わせることで，容量を増やせる | |
|  |  |  | |

**図表 1.11　グループインタビューでの意見（USB メモリーの例）**

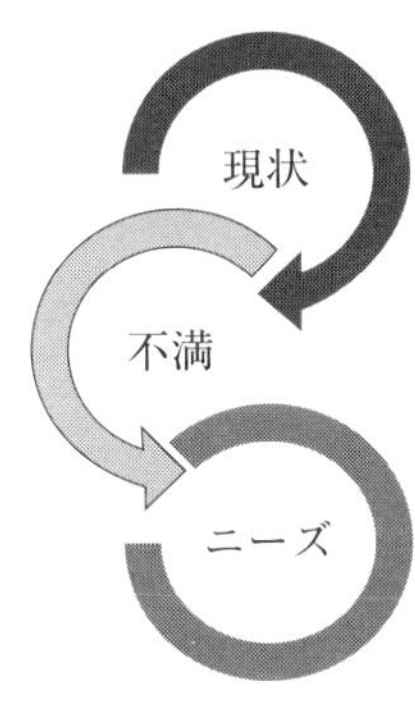


- こだわりがない．記録する内容は課題や写真など．

- 他に使い道がなく，地味．
- チャームならかわいいが，大事なデータが入ったものが外に出ているのは，落としたり盗難の危険．

- あると便利なものと一体化していると使いたくなる．
- 日常でも使えるものがよい．
- 学生証のように毎日必ず学校に持ってきているものだと忘れることがなくてよい．
- しゃべったり専属キャラが成長したり占いが毎日見られたりとまったく違った機能がついていても楽しい．

- PC とつなげると熱と反応してアロマが出てくる
- スマホと連携させておくと USB メモリーを忘れた際にスマホで情報を見られる
- データを保存する回路部分を交換できて容量を増やせる

は良好と判断され，また当初ランキング外であったが，

- フリスクを入れられる
- 学生証になるカード型

は予想外に好評であったため，復活させることとした．

### (3)　評価グリッド法

質問者と回答者が一対一で行うインタビューで，質問者が複数の仮説案から2つを指定し，次の3項目を尋ねる．

① 2つのうち，どちらを購入したいと思うか，それはなぜか（中位概念，評価基準）．

② どうしてそのような基準で購入したいのか（上位概念，願望，購入の目的・目標）．

③ その基準に合ったどのようなものが欲しいか（下位概念，具体的要望）．

これを種々の組合せで数名～10 名程度で実行し，回答者（ユーザー）の願望，要望を論理的に構造化する手法である．

図表 1.12 評価グリッド法での評価構造図(USB メモリーの例)

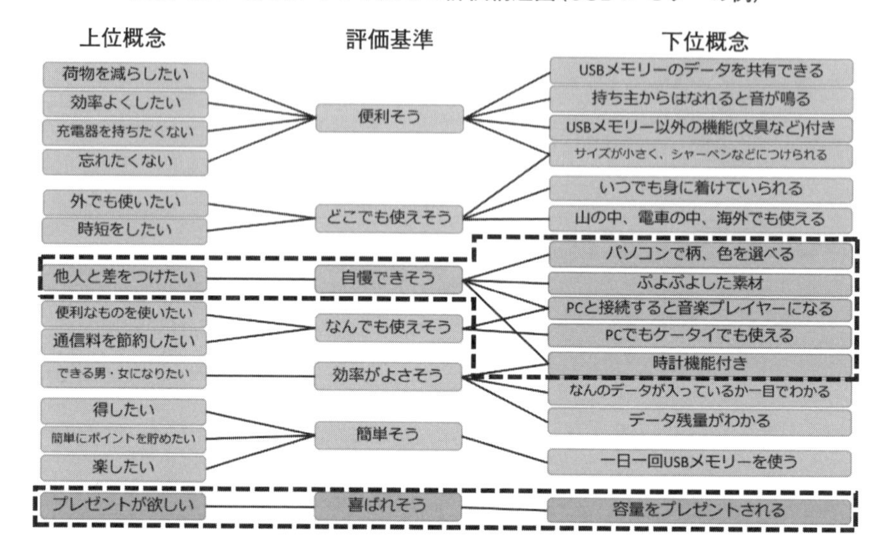


USB メモリーの例では，**図表 1.12** のような「評価構造図」が得られた．これらから，便利，効率的，簡単といった日常的な使いやすさ感と，「自慢できそう」，「喜ばれそう」(点線で囲んだ部分)といった非日常性を追求する必要があることが示唆される．

## 1.3.4 アンケート調査

アンケート調査はここまでの定性的手法と異なり，多数の顧客に仮説を評価してもらい，得られたデータを定量的に分析する手法である．

一般的なアンケート調査と異なるのは，各仮説を**図表 1.13** のように 10 項目内外の評価項目で 5 段階評価してもらう点である．

ここで得たデータを以下の 2 つの手法「スネークプロット」，「CS ポートフォリオ」で分析する．分析は Excel や統計ソフトでも可能であるが，後のポジショニング分析やコンジョイント分析に最適な無料ソフト「P7 かんたんプランナー」を推奨する(**第 13 章の Q12** 以降を参照)．

なお，この例での仮説案は，インタビュー調査の結果を踏まえて，**図表 1.14** の 6 種類にブラッシュアップされた．

**図表 1.13　アンケート調査での仮説の評価（USB メモリーの例）**

- マウスと一体化した USB メモリー
  マウスが欲しいけどタッチパッドで済ましている人の不満を解消.
  USB メモリー自体がマウスになるので荷物も増えない.

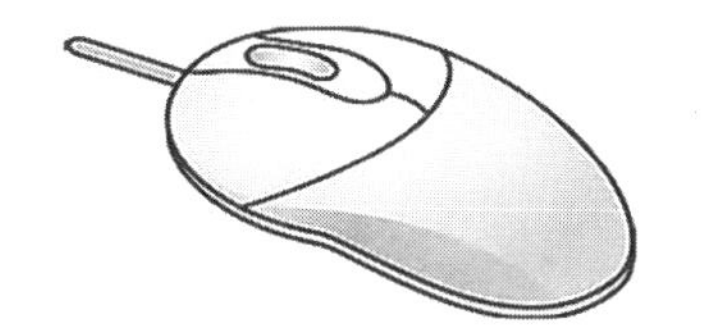

| | そう思う | ややそう思う | どちらとも言えない | ややそう思わない | そう思わない |
|---|---|---|---|---|---|
| 機能性がよさそう | | | | | |
| 置き忘れなさそう | | | | | |
| 簡単に使えそう | | | | | |
| 卒業後も使えそう | | | | | |
| プレゼントにできそう | | | | | |
| 持ち歩きやすそう | | | | | |
| 丈夫そう | | | | | |
| PC 作業がしやすそう | | | | | |
| 使いたい | | | | | |

**図表 1.14　アンケート調査での 6 仮説案（USB メモリーの例）**

### (1)　スネークプロット

**図表 1.15** のように，各仮説・各評価項目の平均点をすべて表示する折れ線グラフで，各仮説がどのように評価されたが一度にわかる.

この例では 74 名の学生を対象にアンケート調査が行われ，右端の総合評価「使いたい」で「Wi-Fi 機能付き」,「充電できる」の 2 仮説が他の 4 仮説より優れており，他の項目でも優位性が高い.

図表 1.15　スネークプロット（仮説評価平均点，USB メモリーの例）

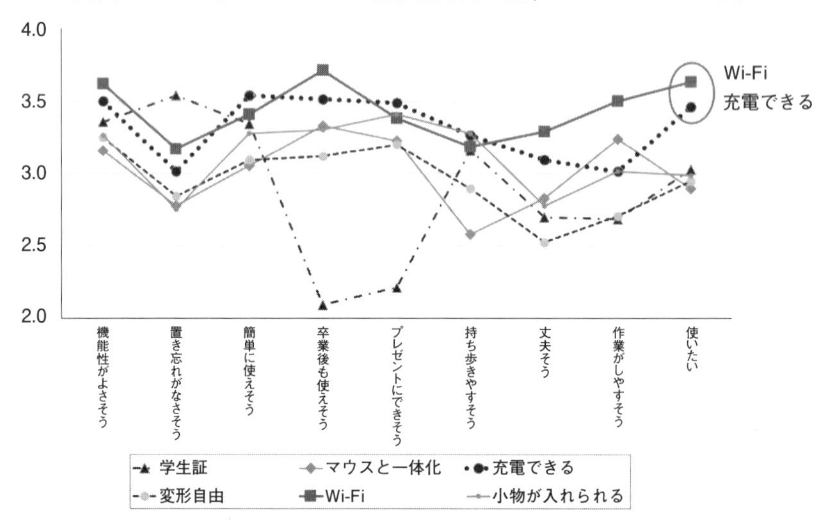


図表 1.16　CS ポートフォリオ（学生証と一体化した USB メモリーの例）

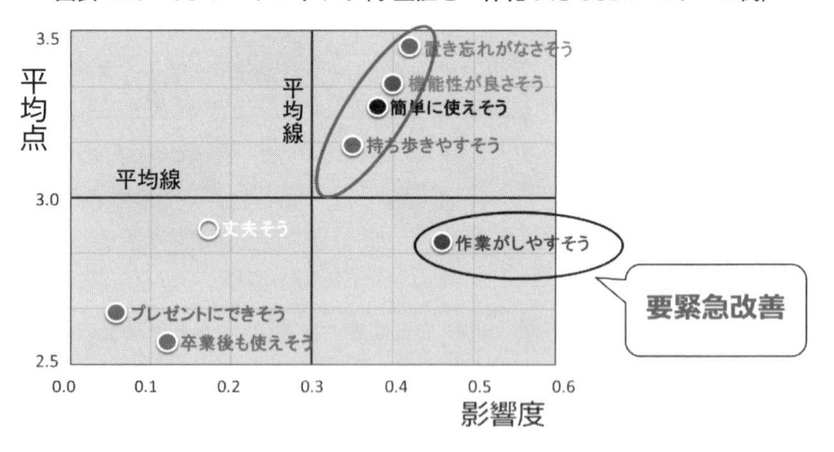


## (2)　CS ポートフォリオ

仮説ごとに，横軸に各評価項目と総合評価との相関係数（影響度），縦軸に各評価項目の平均点をとり，散布図を描く．**図表 1.16** は「学生証と一体化した USB メモリー」の例である．

右下の区画にある「作業がしやすそう」に注目すると，影響度が高い（重要である)にもかかわらず，平均点が低目(低評価)である．したがって，最優先で改善すべき項目と判断できる．このように，各仮説の「要緊急改善項目」を発見できる手法である．

なお，右上の4項目も重要度が高いが，平均点も高いので，問題はない．左下の2項目(プレゼントにできそう，卒業後も使えそう)は平均点が極めて低いが，「学生証」の特質から当然であり，影響度もほぼゼロである．



## 1.3.5　ポジショニング分析

ポジショニング分析とは，各仮説の位置関係を2次元のマップ状に表示し，最適な(＝顧客の総合評価が最大になる)方向を「理想ベクトル」として求める手法である．

### (1)　因 子 分 析

総合評価を除く評価項目の中で，関連の高い(＝相関の高い)ものを集約して新たな変数(因子という)をつくり，すべての評価データを少数の(通常2〜4の)因子にまとめる．各因子に対する各評価項目のウェイトを「因子負荷量」といい，因子負荷量が大きい(通常0.5程度以上)項目を合わせると各因子の意味付けができる．この例では，**図表1.17**のように3つの因子が作成され，因子1を「機能性」，因子2を「イベント対応」，因子3を「使いやすさ」と名づけた．

### (2)　ポジショニングマップ

総合評価$y$と各因子の点数$f_1$，$f_2$，$f_3$との間で「重回帰分析」を行い，次式のようなデータを最も誤差なく表現する1次式のモデルを求める．

$$y = a + b_1f_1 + b_2f_2 + b_3f_3$$

その「回帰係数」$b_1$，$b_2$，$b_3$が各因子に対するウェイト(影響度)であり，最適な方向(理想ベクトル)を示している．本事例ではウェイトは約8：5：6となり「機能性」が高く，次に「使いやすさ」が重要であることがわかった．

最も重要な(ウェイトの高い)2因子「機能性」と「使いやすさ」で描いたポジショニングマップが**図表1.18**である．

図表 1.17　因子分析の結果(因子負荷量，USB メモリーの例)

| 評価項目 | 因子 1 | 因子 2 | 因子 3 |
|---|---|---|---|
| 簡単に使えそう | 0.715 | 0.235 | 0.258 |
| 機能性がよさそう | 0.665 | 0.288 | 0.299 |
| 持ち歩きやすそう | 0.659 | 0.178 | 0.065 |
| 置き忘れがなさそう | 0.575 | -0.180 | 0.345 |
| 卒業後も使えそう | 0.218 | 0.835 | 0.294 |
| プレゼントにできそう | 0.112 | 0.772 | 0.172 |
| 作業がしやすそう | 0.225 | 0.270 | 0.713 |
| 丈夫そう | 0.216 | 0.207 | 0.501 |

図表 1.18　ポジショニングマップ(因子 1 ×因子 3，USB メモリーの例)

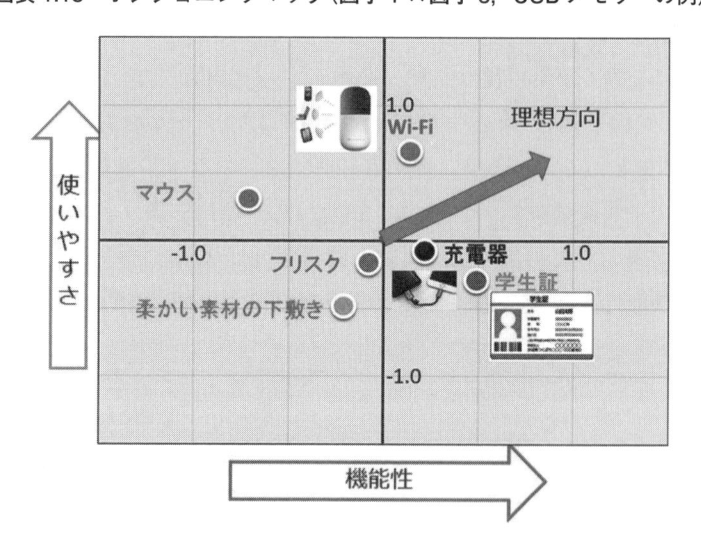


**図表 1.18** で軸上は各因子の平均を示す．Wi-Fi は特に使いやすさで優れているが，機能性では平均の位置にあり，改善が望まれる．充電器は機能性がやや高いが使いやすさは平均的であり，いずれも改善が望まれる．全体として，理想方向に良く一致する仮説はないことがわかり，次のコンジョイント分析でいくつかの仮説を結合して提案することにする．

## 1.3.6　コンジョイント分析

最終商品案を決定するためには，いくつかの必要な要素を組み合わせて仮想のサンプルを作成し，顧客に評価してもらうことが望まれる．その場合，組合せ数が膨大にのぼるため，多くの企業では顧客による評価を断念するか，わずかな数のサンプルを恣意的につくって評価してもらうため，「本当に最良」かどうかの保証がないまま決定に至る．これは大変に危険である．

コンジョイント分析は顧客に尋ねたい(複数の)要素をきちんと取り上げ，なおかつ少数のサンプル案の評価で済ませることのできる極めて効率性の高い手法である．

### (1)　属性と水準の決定

変化させる要素を「属性」，そのレベル・内容を「水準」と呼ぶ．この例では**図表 1.19** のように決定した．容量・見た目は内容で 2 つの水準を作成し，他はアンケート調査での高評価な仮説と新たな要望事項から決定し，「あり」「なし」のシンプルな 2 水準とした．

現実の商品企画では 3〜4 水準を用いることもしばしば必要になるが，詳細な説明は文献［18］を参照願いたい．

### (2)　直交表によるサンプルの作成

この例では各 2 水準あるため，すべての組合せをつくると

$$2 \times 2 \times 2 \times 2 \times 2 \times 2 = 64 \quad (\text{通り})$$

もあり，とても一般の顧客に尋ねることはできない．そこで用いるのが「直交表」といわれる，1 と 2(水準番号)を絶妙なバランスで配置した表である(**図表 1.20**)．用いる組合せの数によって，$L_8$，$L_{16}$，$L_{18}$ などがある[18]．

図表 1.19　コンジョイント分析・属性と水準の表(USB メモリーの例)

| 属性／水準 | 容量 | 見た目 | イヤホン | 充電機能 | Wi-Fi 機能 | 学生証機能 |
|---|---|---|---|---|---|---|
| 第 1 水準 | 4GB | 派手 | あり | あり | あり | あり |
| 第 2 水準 | 16GB | シンプル | なし | なし | なし | なし |

図表 1.20　コンジョイント分析の直交表の例（$L_8$ 直交表）

| 組合せ | 1列 | 2列 | 3列 | 4列 | 5列 | 6列 | 7列 |
|---|---|---|---|---|---|---|---|
| No.1 | 1 | 1 | 1 | 1 | 1 | 1 | 1 |
| No.2 | 1 | 1 | 1 | 2 | 2 | 2 | 2 |
| No.3 | 1 | 2 | 2 | 1 | 1 | 2 | 2 |
| No.4 | 1 | 2 | 2 | 2 | 2 | 1 | 1 |
| No.5 | 2 | 1 | 2 | 1 | 2 | 1 | 2 |
| No.6 | 2 | 1 | 2 | 2 | 1 | 2 | 1 |
| No.7 | 2 | 2 | 1 | 1 | 2 | 2 | 1 |
| No.8 | 2 | 2 | 1 | 2 | 1 | 1 | 2 |

図表 1.21　直交表に属性・水準を当てはめた結果（USB メモリーの例）

| 組合せ | 容量 | 見た目 | イヤホン | 充電機能 | Wi-Fi 機能 | 学生証機能 |
|---|---|---|---|---|---|---|
| No.1 | 4GB | 派手 | あり | あり | あり | あり |
| No.2 | 4GB | 派手 | あり | なし | なし | なし |
| No.3 | 4GB | シンプル | なし | あり | あり | なし |
| No.4 | 4GB | シンプル | なし | なし | なし | あり |
| No.5 | 16GB | 派手 | なし | あり | なし | あり |
| No.6 | 16GB | 派手 | なし | なし | あり | なし |
| No.7 | 16GB | シンプル | あり | あり | なし | なし |
| No.8 | 16GB | シンプル | あり | なし | あり | あり |

各列に１と２が同数（４つ）ずつ配置され，また異なる列を横に組み合わせると必ず１・1，１・2，２・1，２・２が同数（２つ）ずつある．この表に**図表 1.19** の属性と水準を当てはめると，**図表 1.21** のようになる．

No. 1～No. 8 の組合せを８通りのサンプルとして顧客に提示して点数評価してもらう（通常５段階．価格で評価してもらうこともある）．この場合，「どの属性・水準も」，「どの２つの水準組合せも」平等に出現し，特定の要素の影響を巧みに避けられることがわかる．

### (3)　効用値と最適水準

8 通りのサンプルの評価点を「数量化Ⅰ類」という手法で分析し，全体の平均値に対して各水準がどの程度購買意向に影響するか（部分効用値という），また，平均値と部分効用値を総計した購買意向（全体効用値という）を求めて，最も購買意向が高まる（＝最も売れる）パターンを決定する．

USB メモリーの例では 74 名の学生を対象に 8 サンプルに対するアンケート調査が行われた．**図表 1.22** は 6 属性の各水準の部分効用値のグラフで，縦軸の 0 の位置が全体平均の 3.28 を示す．

最適水準（全体効用値が最大となる組合せ）の企画案は，各属性で部分効用値が最大になる水準を選べばよいので，以下のようになる．

全平均 3.28 ＋ 容量 16GB 0.373 ＋ 見た目派手 0.007 ＋ イヤホンあり 0.019

＋ 充電機能あり 0.217 ＋ Wi-Fi 機能あり 0.417 ＋ 学生証機能あり 0.074

＝4.39

全体効用値は 4 を超え，優れた結果になったが，見た目，イヤホン，学生証

**図表 1.22　コンジョイント分析の結果（USB メモリーの例）**

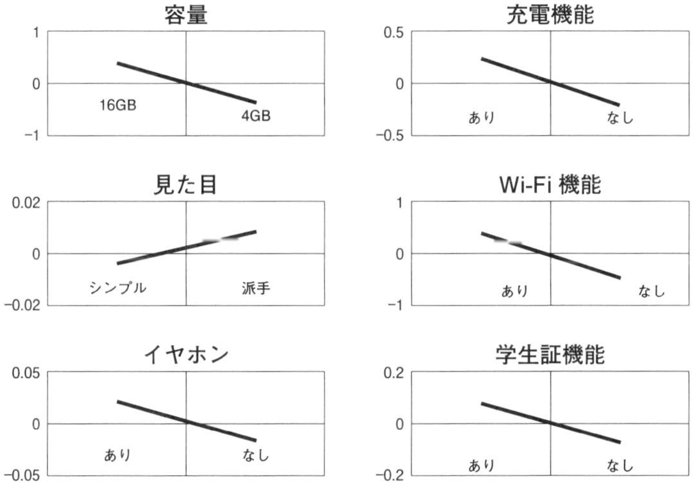

機能は効用値が0に近いため，省略可能である．また，コストや外見に大きく影響する容量，充電機能，Wi-Fi機能はさらに検討が必要である．

### 1.3.7 品 質 表

品質表は顧客の要望をスムーズに技術に変換して伝える手法である．本書ではその多くが品質表を省略している(商品企画者には技術の詳細が不明なため，そこまで実施していない)ので，他の例を示す．

**図表1.23**は最もシンプルな品質表の例(文献［10］［11］)で，行(横)方向にコンジョイント分析の結果を中心として，その他顧客の要望や期待，商品にとっての必須事項，社会的に要求される項目など(まとめて「期待項目」という)を集約する．列(縦)方向にはそれを実現するのに必要な技術特性，社内で検討すべき項目を集約する．次にマトリックスの各セルに関連性の強弱を推定して◎(強)○(中)△(弱)などを記入する．これにより(企画側にとっては)要望事項が技術的に実現できるかどうか推測でき，(技術側にとっては)今回の企画にとってどの技術特性が重要かが判断できる．

また，各期待項目の重要度が推定できる場合は，そこから技術特性の重要度も推定できる(文献［18］を参照)．

図表 1.23　品質表(入浴剤の例)

| 期待項目展開表 ＼ 技術特性展開表 1次 | | 取扱性 | | | | 配合成分 | | | | 外装形状 | | | | 購入性 | | | 話題性 | | | |
|---|---|---|---|---|---|---|---|---|---|---|---|---|---|---|---|---|---|---|---|---|
| 1次 | 2次 | 溶解時間 | 溶解温度 | 配合容易性 | 包装材質 | 有効成分量 | 色素配合比 | 芳香剤配合量 | 添加剤配合量 | パック形状 | パック重量 | 外装形状 | 外装寸法 | 保存期間 | 販売価格 | 流通充実度 | リラックス度 | 安全度 | 注目度 | 健康関心度 |
| 心が落ちつく | よく眠れる | | | | | | | ○ | ◎ | | | | | | | | ◎ | | | |
| | 湯の色が良い | | | | | | ◎ | | | | | | | | | | ○ | | ◎ | |
| 面白い | 異なる入浴剤が時間をおいて出る | ◎ | | | ◎ | | | | | ○ | | | | | | | | | ◎ | |
| | 泡の音がする | | | | | | | | ◎ | | | | | | | | | ○ | ◎ | |
| | キャラクターが出る | | | | ◎ | | | | | | | ○ | ○ | | | | | | ◎ | |
| 疲れがとれる | 身体が暖まる | | ○ | | | ◎ | | | | | | | | | | | | | | ○ |
| | 長く入れる | | | | | | ○ | ○ | | | | | | | | | ◎ | | | |
| | 汗がよく出る | | | | | ◎ | | | ○ | | | | | | | | | | | ◎ |
| 使いたくなる | 途中で色・効果が変わる | ◎ | | | | ◎ | ◎ | ○ | ○ | | | | | ○ | | | ○ | | | ○ |
| | お肌がツルツルになる | | | | | ○ | | | ◎ | | | | | | | | | | | |
| 使いやすい | 入れ物ごと溶ける | ◎ | ◎ | | ◎ | | | | | | | | | ○ | | | | | ○ | |
| | 勝手にかき混ざる | ○ | ○ | | | | | | ◎ | ○ | ○ | | | | | | | | | |
| | パッケージが良い | | | | | | | | | ◎ | | ◎ | ○ | | | | | | ◎ | |
| 安心して使える | 飲んでも安全である | | | | ◎ | ○ | | | | | | | | ◎ | | | | ◎ | | |
| | ゴミが出にくい | | | | ◎ | | | | | ○ | ○ | | | | | | | | | |
| 経済的である | 長期間保存できる | | | | ◎ | | | | | | | | ○ | ◎ | ◎ | | | ◎ | | |
| | 気軽に購入できる | | | | | | | | | | | ○ | | | ◎ | ◎ | | | | |
| | どこでも入手可能である | | | | | | | | ◎ | | | | | | | ◎ | | | | |

# 第2章

# 働く女性のニーズに応える賃貸住宅

## 独りでゆったりしたくなる夢空間



**ここがポイント！**

女性による，単身女性のための高級賃貸住宅の産学協同商品企画．Neo P7 手法で一本筋を通し，女性たちの柔軟な発想と十分な調査・分析に加え，プロの設計感覚がすみずみまで行きわたって，魅力的な成功事例となっている．

## 2.1 はじめに

本事例は2014年度にNeo P7を用いて行われた産学協同研究の事例で，神田ゼミナールの女子学生と住宅メーカーA社の女性企画担当者のチームで行われたものである．賃貸住宅分野におけるA社のシェアは当時まだ少なく，シェア向上の余地を残していた．そこで当時の人口動態などをもとに「女性の単身者(20～30歳代)」をターゲット層とした賃貸住宅の開発を行うことにした．その理由は以下に挙げるとおりである．

① 男性に比べて女性は年収こそ少ないが，40歳代までは男性より家賃が高い傾向が見られる．さらに20歳代以下は年収に占める割合が20%と高く，女性は物件のオーナーにとって魅力的な入居者になりうるため．

② A社の商品ポートフォリオにない商品であったため．

以上2点の理由によって今回の商品開発のためのターゲット層が策定された．

# 2.2 仮説発掘法

### (1) 仮説発掘アンケート

独身女性向けの住宅というターゲット層は決まったものの，まだどのようなものを欲しているかわからない状態であるため，仮説発掘アンケートを行った．実際の調査票は**図表 2.1** のようなつくりになっている．

この調査票については以下がポイントとなっている．

- 商品に対してポジティブな部分とネガティブな部分を聞く．
- 呼び水となるアイデアを載せる．
- それらをもとにアイデアを３つ考えてもらう．

このアンケートを学生(女性 30 名，男性 6 名)，社会人女性 11 名に行った．

### (2) フォト日記調査

フォト日記調査は通常であれば１週間程度の日記からリアルな使用状況を見る手法であるが，今回は１日だけ現状の様子を写真に撮ってもらい，そこから仮説をつくることにした．**図表 2.2** にフォト日記調査のイメージを示す．

いくつか企画チームが定めたテーマで写真を撮ってもらい，そこにコメントをしてもらうスタイルにしてある．最後に簡単な属性情報に関するアンケートを行った．

**図表 2.1　賃貸住宅の事例・仮説発掘アンケート**

A　あなたが今、住んでいる家の中で好きなところはどんなところ？
B　そうだね～［　　　　］（例：日当たりがいい）ところだね

A　へぇーいいね！好きな理由を教えて！
B　それはね、［　　　　］（例：日差しをたっぷり浴びたい）だからだよ

A　じゃあ逆に住んでいる家の中でいやなところはある？
B　［　　　　］（例：収納スペース）が
［　　　　］（例：少ない）から嫌なんだ。

A　なるほど！私が住むなら指紋認証の超防犯住宅がいいな
B　いいね、出来るかどうかわからないけど
［　　　　］や、
［　　　　］や、
［　　　　］のような家に住みたいな♡

こんな家があったらいいなと思う
住宅のアイデアを自由に記述してください。

図表 2.2　賃貸住宅の事例・フォト日記の回答サンプル（一部デフォルメ）

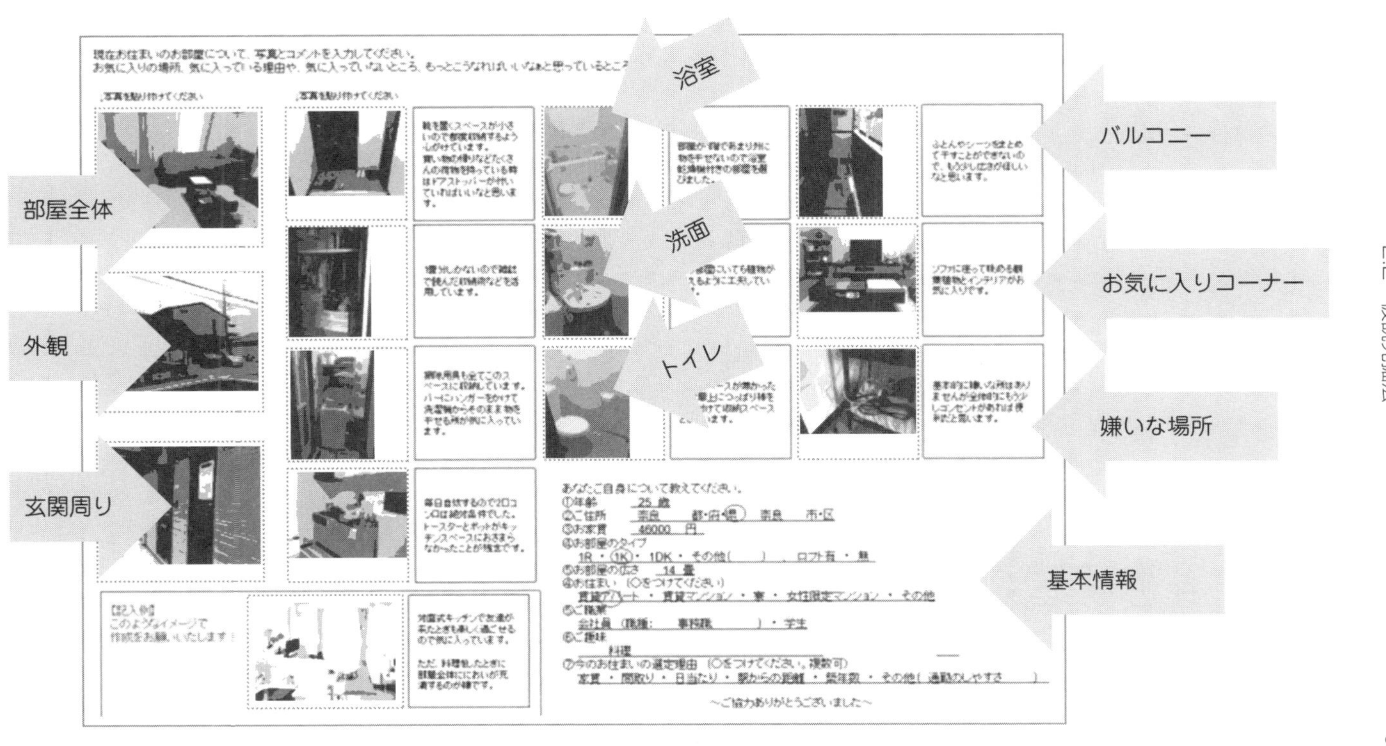

### (3) 仮説のまとめ

調査から得られた仮説をまず簡単にふるいにかける(実現可能性の低いもの，現実に存在するものなどを削除)．その後仮説を外回り，設備，内装とカテゴリーに分け，それらを「楽しそう」，「清潔そう」，「実用的」の評価項目で評価を行い，総合得点を算出した後，上位の仮説を次の手法で検討した．

## 2.3 グループインタビュー

前節で絞り込んだ仮説や，こちらで予め作成した仮説についてグループインタビューを行った．その回答者の属性は次のとおりである．

**性別**：女性
**属性**：独り暮らし
**エリア**：首都圏１都３県(東京，埼玉，千葉，神奈川)
**職業**：① 学生(20 歳以上)
② 社会人(25 歳以上 35 歳未満)
ただし，住宅メーカー，不動産会社に勤務している方を除く．
**住居形態**：賃貸集合住宅(アパートまたはマンション，寮を除く)
**間取り**：ワンルーム，1K，1DK，1LDK
**家賃**：月額 15 万円以下

これらの対象者に最初のテーマとして，「今住んでいる家」について次のことを話してもらった．

- 今の部屋を選んだ理由
- 困っている点
- 気に入っている点

さらにセキュリティ，収納，キッチン，エクステリア，浴室・洗面，インテリア，トイレについては以下の質問を行った．

- 施設についての印象
- 気になった点

- あって当たり前の設備
- 不要と思う設備

さらに前節での仮説に加えて，集合住宅の階段形状，外観の様子などでもいくつか仮想案を作成し，評価してもらった．これらから有用な仮説の「方向性」を把握し，次のアンケート調査に向かうことができた．

## 2.4 アンケート調査

アンケート調査では，インタビュー調査でブラッシュアップした仮説の評価，それらのポジショニング分析，回答者を新たな視点で分けるクラスター分析を中心に行った．

### (1)　対象者と調査票について

この調査は調査会社に依頼してネットリサーチで実施した．調査対象は2.3節と同様に以下の各条件で400名を抽出した(予備調査を実施)．

- 賃貸アパート・マンションに独り暮らし(寮を除く)
- 年齢は20歳以上40歳未満
- 1都3県(東京，埼玉，千葉，神奈川)に在住
- 家賃月額5万円以上15万円未満
- 住宅メーカー，不動産会社，建設会社，リサーチ会社，広告代理店に勤務している方を除く

本調査の質問項目は大きく次の5つに分かれている．

①　住まいの状況

②　日常の意識・行動

③　家事(頻度，内容，不満とその理由)

④　仮説に関連する生活上の質問

⑤　これまでの手法で出てきた仮説の評価(詳細は省略)

上記⑤の仮説は次の7つである．

仮説A　安全に暮らせるための仮説

仮説B　自分好みに暮らせるための仮説

仮説 C　美しくなれるための仮説

仮説 D　リラックスできるための仮説

仮説 E　片付けしやすくするための仮説

仮説 F　清潔に保てるための仮説

仮説 G　プチ贅沢ができる仮説

これらの 7 仮説を次の 10 項目で評価してもらった.

- 落ち着けそう
- 手入れがしやすそう
- 安心できそう
- 女子力が上がりそう
- 便利そう
- 愛着がわきそう
- おしゃれそう
- 時間短縮できそう
- 楽しそう
- 住みたい(総合評価)

### (2)　アンケート調査の結果

①　回答者の属性

今回の回答者は当然，前節に示した条件に合致する人であるが，その他の面での特徴をいくつか紹介する.

- 家賃の条件を入れたため，回答者の大半は 30 歳代の比較的高収入の方が多かった.
- 間取りの形態は半数以上が 1K である．また，30 歳代では 1DK が多かった.
- 住居の設備についてはエアコン付き，バス・トイレ別は当たり前となっており，宅配ボックスや追い焚き機能はまだまだ普及していない(住居の不満についてはこのあたりが多い).

②　仮説の評価について

仮説の評価点の平均を用いて**図表 2.3** のスネークプロットを作成した(総合評価の上位 3 位は太線としている).

**図表 2.3** の横軸で囲んである部分(手入れがしやすそう，女子力が上がりそう，便利そう，時間短縮できそう)が他の仮説と異なり評価が高かった項目である．これらの評価項目が最終的に住みたいという評価に影響を与えているのではないかと考えられる.

図表 2.3 賃貸住宅の事例・スネークプロット

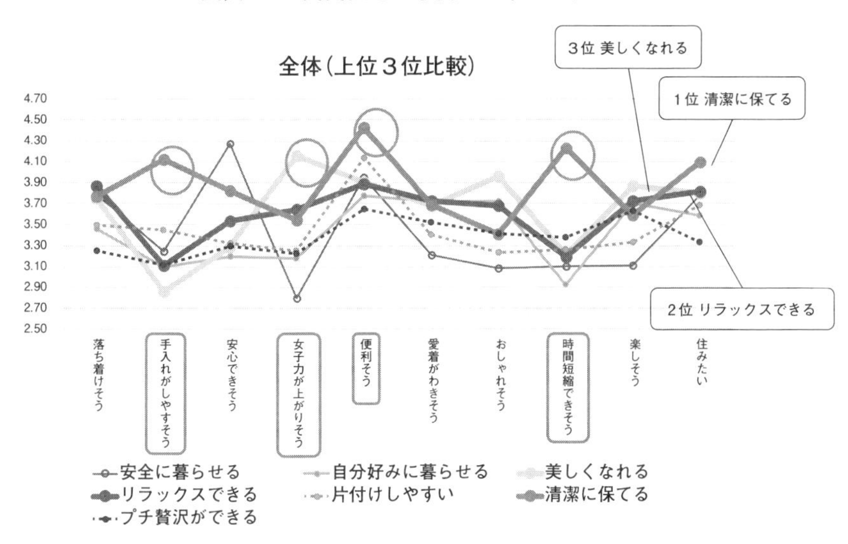


③ ポジショニング分析

アンケートデータを用いてポジショニング分析を行った結果が**図表 2.4** である．本事例の分析では 3 因子のモデルになり，高揚感，快適さ，時間短縮という因子が得られた．3 因子の影響度の比は 12：15：4 となっている．また，各セグメントで層別の分析を行っても各仮説のポジショニングマップにおける位置はさほど変わらない結果となっている．

**図表 2.4** のポジショニングマップを見ると理想ベクトルの方向に仮説はなく，高揚感×快適さのマップではベクトルに対して垂直に仮説が分布している．高揚感×時間短縮のマップでも似たような状況になっている．スネークプロットで上位であった 3 つの仮説(C，D，F)については 3 つの因子のどれかが足りないという状況であった．

④ クラスター分析による回答者の層別

アンケート調査の中の日常の意識・行動についての質問を分析することで，回答者を表層的な属性以外に分類することが可能になる．今回は以下の 20 項目への 5 段階評価(そう思う～そう思わない)の点数を用いた．

**図表 2.4　賃貸住宅の事例・ポジショニング分析の結果**

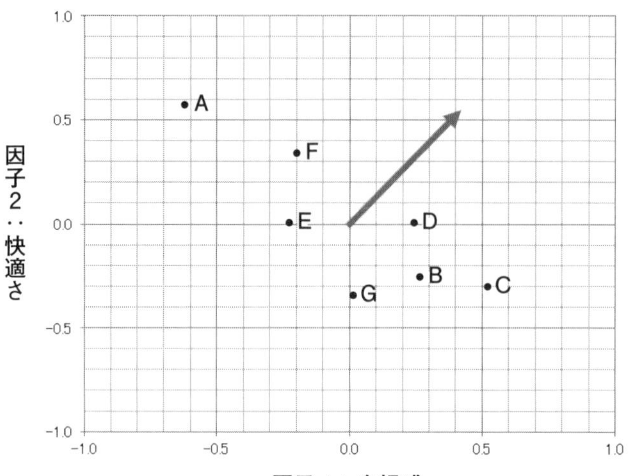


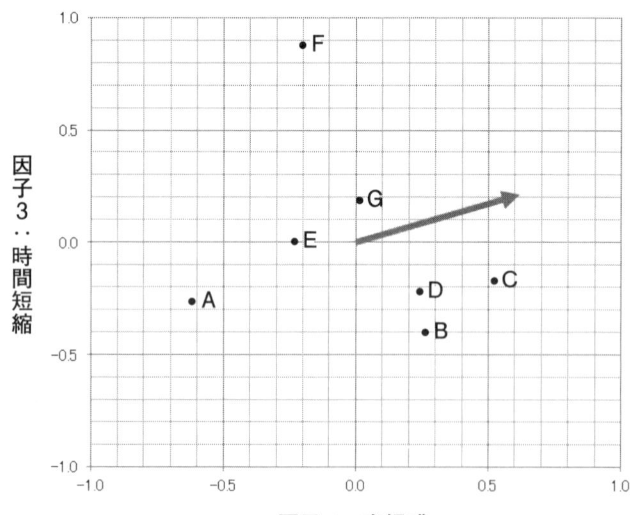


図中のＡ～Ｇは次の仮説である.

| | | | | | |
|---|---|---|---|---|---|
| A | 安全に暮らせる | B | 自分好みに暮らせる | C | 美しくなれる |
| D | リラックスできる | E | 片付けしやすい | F | 清潔に保てる |
| G | プチ贅沢ができる | | | | |

1. 家賃が安いことが最優先
2. 家賃が高くなっても機能や設備を重視する
3. 外観よりも内装や設備を重視する
4. 部屋はできるだけ自分で飾りたい
5. かわいいデザインのものが好き
6. シンプルなデザインのものが好き
7. 仕事よりプライベートを優先したい
8. ファッションに関心が高い
9. 休みには趣味やスポーツを楽しみたい
10. 休みには家でゆったりし，疲れをとりたい
11. 休みにはなるべく外に出て街歩きやショッピングをしたい
12. 休みには友人や彼氏と過ごしたい
13. 毎日バスタブにつかりたい
14. 美容にこだわりがある
15. 隣人とコミュニケーションをとりたい
16. 家に友人を招きたい
17. 環境問題に関心がある
18. 節約が好き
19. 少し高くても良いものを買いたい
20. 何でもネットで調べる

多数の項目を集約するために因子分析を行い，得られた因子得点を用いてクラスター分析を行った．**図表 2.5** は因子負荷量である．

ここから因子を「付き合い重視」，「機能重視」，「価格より品質重視」，「美しさ無関心」，「インドア志向」，「かわいさ重視」と命名し，因子得点から**図表 2.6** のデンドログラム(樹形図)を作成し，回答者を 4 クラスターに分類した．

さらに各クラスターの因子得点の平均値からクラスターの特徴付けを行った(**図表 2.7**)．その結果，本事例の最適な対象者はこの中の「充実感重視」のクラスターと判断した．実際，このクラスターの方々は積極的，高感度で要求レベルが高い．

図表 2.5 賃貸住宅の事例・日常の意識・行動の因子負荷量

| 変数名 | 共通性 | 因子 1 | 因子 2 | 因子 3 | 因子 4 | 因子 5 | 因子 6 |
|---|---|---|---|---|---|---|---|
| 家賃が安いことが最優先 | 0.407 | 0.118 | 0.189 | −0.583 | −0.016 | 0.032 | 0.127 |
| 家賃が高くなっても機能や設備を重視する | 0.540 | 0.086 | 0.130 | 0.700 | −0.093 | 0.003 | 0.130 |
| 外観よりも内装や設備を重視する | 0.409 | 0.159 | 0.600 | 0.055 | 0.117 | 0.023 | 0.078 |
| 部屋はできるだけ自分で飾りたい | 0.303 | 0.366 | 0.190 | 0.077 | −0.129 | −0.108 | 0.314 |
| シンプルなデザインのものが好き | 0.540 | 0.072 | 0.690 | 0.011 | 0.049 | −0.086 | −0.221 |
| かわいいデザインのものが好き | 0.590 | 0.202 | −0.001 | 0.007 | −0.137 | −0.072 | 0.725 |
| ファッションに関心が高い | 0.587 | 0.191 | 0.069 | 0.216 | −0.636 | −0.212 | 0.222 |
| 仕事よりプライベートを優先したい | 0.236 | −0.012 | 0.442 | −0.008 | −0.178 | 0.080 | 0.048 |
| 休みには家でゆったり過ごし，疲れを取りたい | 0.483 | 0.071 | 0.483 | 0.014 | −0.093 | 0.480 | 0.071 |
| 休みには趣味やスポーツを楽しみたい | 0.317 | 0.374 | 0.164 | 0.047 | −0.122 | −0.316 | 0.185 |
| 休みにはなるべく外に出て街歩きやショッピングをしたい | 0.697 | 0.310 | 0.079 | 0.095 | −0.409 | −0.616 | 0.198 |
| 休みには友人や彼氏と過ごしたい | 0.396 | 0.462 | 0.112 | 0.010 | −0.261 | −0.285 | 0.144 |
| 毎日バスタブにつかりたい | 0.260 | 0.360 | 0.108 | 0.009 | −0.323 | 0.071 | −0.092 |
| 美容にこだわりがある | 0.631 | 0.339 | 0.027 | 0.077 | −0.704 | −0.047 | 0.104 |
| 隣人とコミュニケーションをとりたい | 0.472 | 0.658 | −0.130 | 0.035 | −0.117 | −0.020 | 0.086 |
| 家に友人を招きたい | 0.490 | 0.641 | 0.003 | −0.077 | −0.195 | −0.118 | 0.147 |
| 環境問題に関心がある | 0.435 | 0.610 | 0.173 | 0.164 | −0.061 | 0.023 | 0.049 |
| 節約が好き | 0.280 | 0.319 | 0.374 | −0.080 | 0.041 | −0.131 | 0.113 |
| 少し高くても良いものを買いたい | 0.463 | 0.309 | 0.177 | 0.513 | −0.259 | −0.044 | 0.064 |
| 何でもネットで調べる | 0.293 | −0.076 | 0.459 | 0.045 | −0.246 | −0.075 | 0.093 |

図表 2.6 賃貸住宅の事例・日常の意識・行動による回答者のクラスター分析

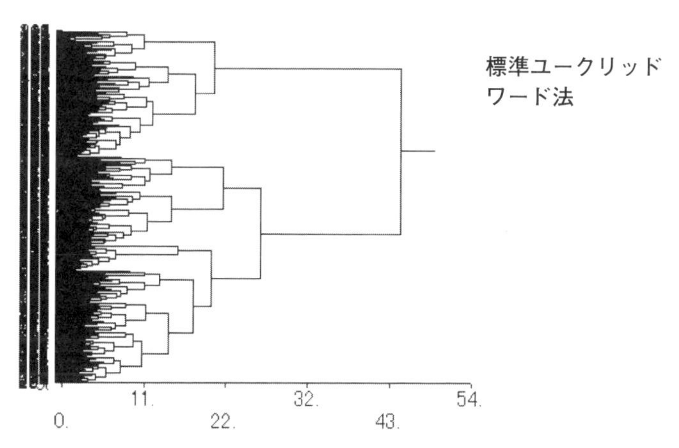


図表 2.7 賃貸住宅の事例・各クラスターの特徴

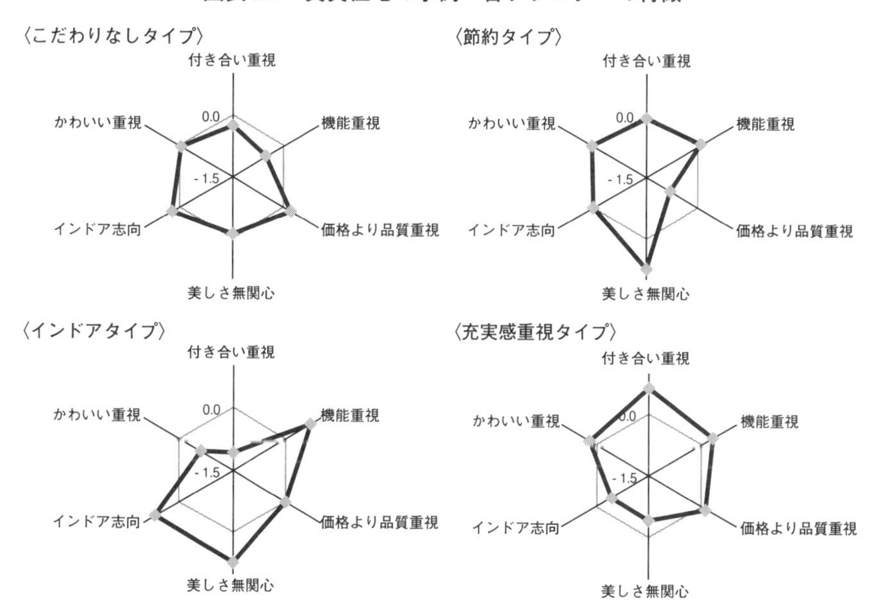

# 2.5 コンジョイント分析

## (1) 調査票の作成

コンジョイント分析を行うにあたり，住宅の要素となる部分を属性・水準として決定した．この調査では「住宅のレイアウト」と「部屋での機能」の２つの系統でコンジョイント分析を行う．属性と水準を**図表 2.8** に示す．

3 水準の属性が多いため，$L_{18}$ 直交表に属性と水準を割り付け，評価サンプルを計 36 通り作成した．その他，住宅に関する一般的な質問を行った．調査は **2.4 節**と同じ調査会社を通じて行い，以下を対象とした．

- １都３県の賃貸集合住宅に住む単身女性
- 家賃５万円以上 15 万円未満

前回のアンケート調査回答者 276 名＋新規の回答者 124 名計 400 名に対して実施した．新規回答者を追加したのは，回答の精度を確保するためである．

**図表 2.8 賃貸住宅の事例・属性と水準の一覧表**

**レイアウトについて**

| 属性 | 第１水準 | 第２水準 | 第３水準 |
|---|---|---|---|
| 廊下のタイプ | 中廊下 | 外廊下 | ― |
| 住戸・廊下のレイアウト | 雁行 | L字型 | 直線型 |
| バルコニーのタイプ | サンルーム | バルコニー | ― |
| キッチンの形式 | 対面 | 壁付き | ― |
| 収納 | 固定 | 可動 | ― |
| アウトドア収納 | 玄関に広い土間 | 共有スペースにプライベートロッカー | なし |
| 庭 | 自分専用の庭 | 共有の庭 | なし |
| 女性専用 | １棟女性専用 | １フロアのみ女性専用 | 専用なし |

**部屋の機能について**

| 属性 | 第１水準 | 第２水準 | 第３水準 |
|---|---|---|---|
| 空調 | 自動空気調整システム | エアコン | ― |
| 便利・安心 | 電気の消し忘れアラーム | 鍵の閉め忘れアラーム | なし |
| 癒やし・リラックス・美しさ | ミストサウナ | 炭酸水シャワー | なし |
| 美しさ | ドレッサー付き洗面台 | 居室内に備え付けドレッサー | なし |
| 清潔に保てる | 自動洗浄機能付き浴室 | 汚れない浴槽 | 自浄機能なし |
| 飲料水 | 浄水器 | ウォーターサーバー完備 | 水道水 |
| 天井近くのデッドスペースの収納 | あり | なし | ― |
| 入居者専用Webサイト | あり | なし | ― |

### (2)　分析結果と最適コンセプト

コンジョイント分析の結果は**図表 2.9** のようになった(一部抜粋).

ここからコンジョイント分析以外の仕様も含めて，実際にどのように最適な商品コンセプトを導いたかを説明する.

① 住戸・廊下のレイアウト

- 住戸：住戸全体はバルコニーでプライバシーを確保できるL字型と雁行型(各住戸を斜めにずらして建てる形式)の評価が高めであった. 敷地対応を考え「住戸L字型」を採用した.
- 廊下：「中廊下」の効用値が高く出たが，実際に中廊下の住戸振り分けは難しい.「中廊下」の評価は「建物内の廊下」の評価と判断し，「内廊下」を採用することに決定.

② 共用部

- オートロック，宅配ボックス(前提条件として)：完備されていないと，賃貸物件検索サイトで検索されず，検討もされない事態になる. 今や必須の設備と判断した.
- 24時間対応ごみステーション：グループインタビューでも求める声が多く，実現したい設備である.
- 防犯カメラ(前提条件として)：セキュリティを訴求するためには必須である.
- 入居者用 Web 掲示板：クラスター分析から，積極的入居者には必要と判断した.

③ 各住戸について

- 自動空気調整システム：現在，アパートには展開していない設備である. この機能を求める声は強く，採用する. ただしコンジョイント分析の結果を見ると，入居者にメリットが伝わりにくい可能性がうかがえる. 訴求方法に工夫が必要である.
- 土間スペース：「欲しい」は全体の58%であるが,「充実感重視タイプ」に限定すると76%. コンジョイント分析では，アウトドア収納への要望が確認でき，できれば採用したい.
- 可動式間仕切り収納：全体の8割が「欲しい」としているが,「充実

図表 2.9　賃貸住宅の事例・コンジョイント分析の結果（一部抜粋）

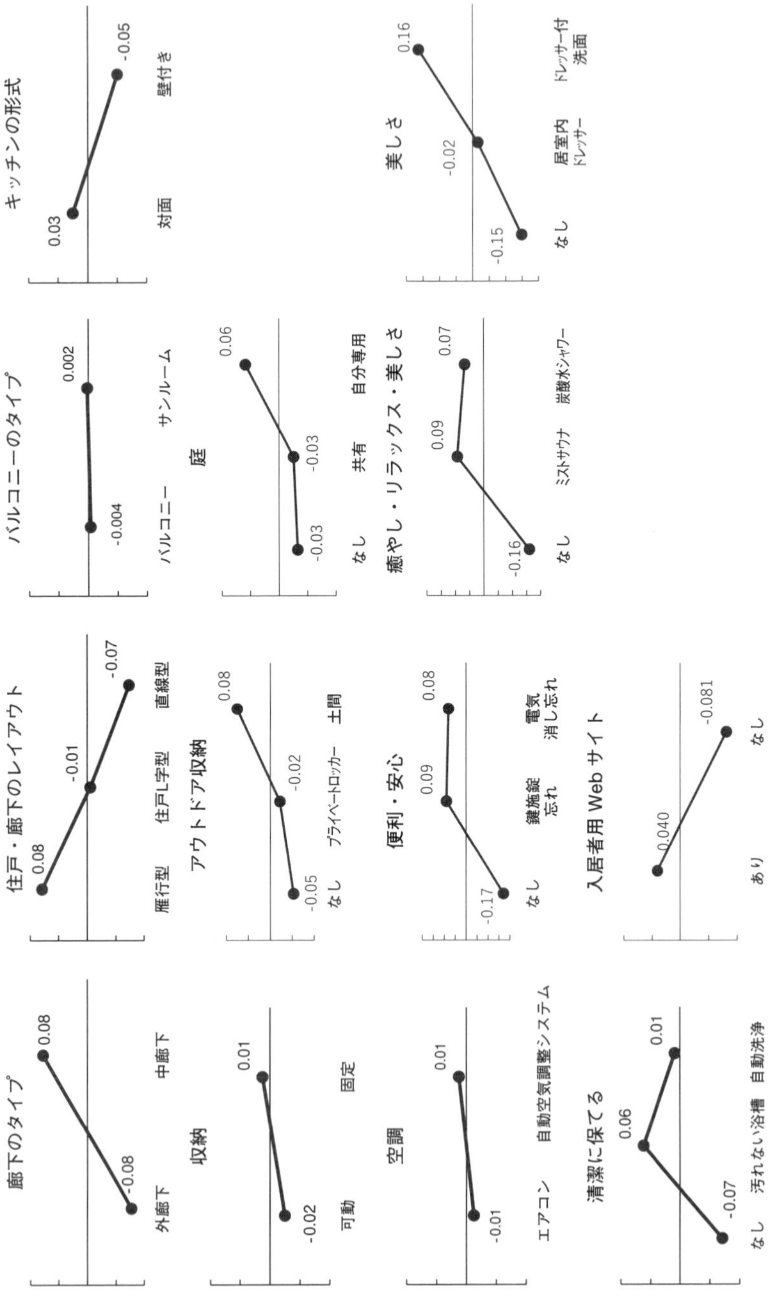

感重視タイプ」では「欲しい」が9割，得点は4.31と高得点．要望の多い設備であり採用．

- 自分専用の庭(1階のみ)：アンケートでの要望は分散しているが防犯面で敬遠されがちな1階を魅力的にするために，プライベートガーデンとして訴求することにした．グループインタビューでも一部であるが，庭への要望があった．
- 食洗機：全体の5割が希望している．機能重視の「充実感重視タイプ」に限定すると6割が希望している．時短で環境にも優しい食洗機を採用し，魅力的にしたい．
- 壁上部のデッドスペースの収納：全体的に希望の多い設備である．「充実感重視タイプ」に限定すると8割が希望している．フォト日記で得られたアイデアで，グループインタビューでの評価も高かったので，採用する．
- サンルーム：全体の7割が希望している．「充実感重視タイプ」では8割近くが希望している．サンルームがあれば屋外バルコニーは不要か」という問いには，5割近くが「そう思わない」としており，どちらも欲しいという要望が確認できた．サンルーム＋屋外バルコニーの二重のバルコニー形式を提案．
- ミストサウナ：全体の6割が希望している．「充実感重視タイプ」に限定すると7割強が希望している．魅力的である．
- 炭酸水シャワー：全体の約7割，「充実感重視タイプ」の約8割が希望している．シャワーヘッドにカートリッジを付けるという簡単な設備であり，採用したい．
- ドレッサー付き洗面所：全体の75％が欲しいとしている．「充実感重視タイプ」では「欲しい」＝51％，「やや欲しい」＝32％と高評価．コンジョイント分析でも，ドレッサー付き洗面が大変有効であると確認できたので，採用する．

## 2.6 まとめ

本商品はその後 A 社の賃貸住宅シリーズの一つとして発売され，好評を得ている．住宅は規模が大きく，複雑な要素をもった商品である．ユーザーの考え方や生活のスタイルによって企画内容をきちんと適合させなければならない．多様な仮説を発想するのみでなく，ユーザーを確実に分類してターゲット層を絞り，コンセプトを丁寧に作り込むのに Neo P7 手法は極めて有用なシステムであることを実感できた．

# 第3章

# 「座りたい！」と思わせるオフィスチェアの開発

## B to B企業もエンドユーザー志向の商品企画

**ここがポイント！**

B to B 企業がエンドユーザー志向で真正面から Neo P7 手法を活用し，商品企画の改革を目指した，重厚な事例である．フォト日記調査などから潜在ニーズを発掘，ユニークな仮説を大量に創出し，詳細な分析から常識にとらわれない企画提案を生み出した．

## 3.1 はじめに

B to B での開発は納入先からの強い要請により，または自社からの営業活動により受注する商品なので，その目標はいきおい納入先の要望に合わせた，性能・価格などの側面に偏り，エンドユーザー視点になっていないことが多い．実は納入先すら，真の消費者ニーズを把握し切れていないことが珍しくない．筆者らはB to B での商品企画も，Neo P7 を用いてエンドユーザーへの徹底調査で実施すべきと考えている．

本事例は B to B 企業が，「エンドユーザーの潜在ニーズから商品企画を実施した」という画期的な好事例である．

そもそも，椅子は「そこにあるから座る」という性質の商品である．特に，オフィス用の椅子(オフィスチェア)はその性質が強い．一度に大量に購入し，使用する商品なので，リーズナブルで長持ちすることが重視されることが多い．

本事例では座り心地が良い，疲れない，業務効率が上がるなどの要素を追求して，「わざわざ座りたくなる，高い価値をもったオフィスチェア」を神田ゼミナールとの産学協同研究により企画した．これは次元の高いテーマである．

## 3.2 仮説発掘法

### (1)　フォト日記調査

オフィスにおけるリアルな椅子の使用実態を把握し，仮説を発掘するために約 30 名の社員に対し，フォト日記調査を実施した．フォト日記にはオフィスワークの様子や，椅子の周りについて，椅子に座りながらリラックスしている様子，デスク周りなどの写真を記載してもらいつつ，1 日の行動を記述してもらった．**図表 3.1** にフォト日記のサンプルを示す．そして集まった日記から「仮説抽出シート」を用いて不満などを解決するための仮説案を創出した．

極めて多数の事実が明らかになったが，最も特徴的なことは，3 分の 2 近い回答者が「背もたれ」をあまり～ほとんど使っていない，という事実である．これはフォト日記調査で初めて判明した，開発担当者も驚いた結果である．

### (2)　仮説発掘アンケート

次に仮説発掘アンケートを行った．仮説発掘アンケートでは回答者が座っている椅子の良いところや不満点とその理由を答えてもらい，その後新しいオフィスチェアについてのアイデアを書いてもらった．なお，アンケートは同社社員約 30 名に対して行われている．

## 3.3 アイデア発想法と仮説の絞り込み

仮説発掘法だけでなく，アイデア発想法も 3 種実施した(焦点発想法，アナロジー発想法，ブレインライティング)．その結果，総計で 138 件の仮説案が創出され，それらをプロジェクトメンバーで 10 段階の評価を行い 19 件に絞り込んだ．その際に，仮説の数が多く，内容が多岐にわたるため，座り方，座り心地，カスタマイズなどといったようにいくつかのカテゴリーに仮説を整理し

### 図表 3.1　オフィスチェアの事例・フォト日記調査と仮説抽出シート

氏名　A.H　　性別　女　　年齢　33 歳

日にち　2013 年 6 月 11 日　　天気　曇　　身長　153 c m　　靴底高さ　7（c m）

1. 書ける範囲で構いませんので、時間軸にそって業務内容等を簡単にご記入ください。

|  |  |
|---|---|
| 7:00 | |
| 8:00 | |
| 9:00 | 出社<br>自席でデスクワーク |
| 10:00 | 受注処理・電話対応 |
| 11:00 | |
| 12:00 | 昼食 |
| 13:00 | 受注処理・電話対応 |
| 14:00 | |
| 15:00 | 都度業務 |
| 16:00 | |
| 17:00 | |
| 18:00 | 退社 |
| 19:00 | |
| 20:00 | |
| 21:00 | |
| 22:00 | |
| 23:00 | |

2. 下記 (1) ～ (8) の写真を撮影し、感想や気になる点等教えてください。
また、什器に関する意見や不満・要望等のコメントも書いてください。

(1)　デスクワーク時の普段の姿勢の写真と説明

背座がクッションタイプのオフィスチェアを使用。
クッションの固さが程よく、足腰は長時間座っても疲れにくい。
上下の高さを調節でき、自分に合った高さを設定できるのが良い。
夏場は暑く、脚周辺の蒸れが気になることがある。

(2)　デスクワーク時の普段の姿勢の足元写真と説明



イスは、ヒールの靴を履いて丁度よい高さに設定しており両足がきちんと床につきます。

机下にヘルメット、靴が置いてある (右側)。

引き出しの横にマグネットでごみ箱を付けている (左足側)。

(3)　イスに座ったまま背伸びなどのリフレッシュ時の様子

首・肩・背中を伸ばす簡単なストレッチ。

(4)　離席時のデスクとイスの様子

離席時にイスが回転しやすいので、
なるべくイスをしまうように心がけています。

(5)　仕事中の机の上の状態

ＰＣ、電話、ノート、ペン、卓上カレンダー、電話メモを常に置いている。

ＰＣ作業がメインのため、キーボードと身体の間に紙資料を置いている。

(6)　自席周辺のオフィスの俯瞰写真

部長のみ独立した机。

| 着目点・不満点 | 仮説案 |
|---|---|
| • 電話応対中，猫背になっている．<br>• 座を半分（前側）しか使っていない．<br>• 背もたれを使っていない． | • 背中と背もたれのスペースを埋めるためのパットがあればいいのではないか．<br>• 背が，前方にでてくるようになれば，いいのではないか．<br>• 座クッションが前にスライドできればいいのではないか．<br>• 少し，座が高いような気がするため，もう少し低床のいすがあればいいのではないか． |

て評価を行った．

## 3.4 グループインタビュー

次にまとめた19件の仮説をユーザーに評価してもらうために，グループインタビューを行った．インタビューは調査会社に依頼して，20～50代の男女各6名，オフィスワークを2時間以上行う方を集めて2回行った．インタビューの主なシナリオは以下のように設定した．

① オフィスチェアの使用実態とユーザーの意識を探索する．
- 使用しているオフィスチェアについて
- 仕事内容と着座時間について
- 仕事中の姿勢について

② 仮説19件の評価とその理由

2回のインタビューの結果，次の3つの意見が共通に出てきた．

(i) フリーアドレス(自由座席)の場合，他人がつけた汚れが気になる．

(ii) オフィスなので，購入金額が高くなるのであれば，付加的な機能はいらない．

(iii) オフィス内の統一感を重視したい．

また，その他顕著な意見として，次のようなものがあった．

- (男性から)座っているときに蒸れるのが恥ずかしい．
- (女性から)良い姿勢，美しい姿勢で座っていたい．

さらに，仮説の評価については椅子の根本的な機能である「姿勢」，「座り心地」，「清潔」といったものに関する仮説は評価が良く，付加機能についての仮説はあまりいらないという結果になった．回答者からの新たな仮説もいくつか出てきた．

## 3.5 アンケート調査

### (1) 実施内容

アンケート調査は約1万名の予備調査から，20代から50代のデスクワークを2時間以上行う会社員・公務員を400名抽出して行った．オフィスチェアに対する不満や仕事中，休憩中の着座姿勢などについての質問を行い，その後，

**図表 3.2 オフィスチェアの事例・スネークプロット**

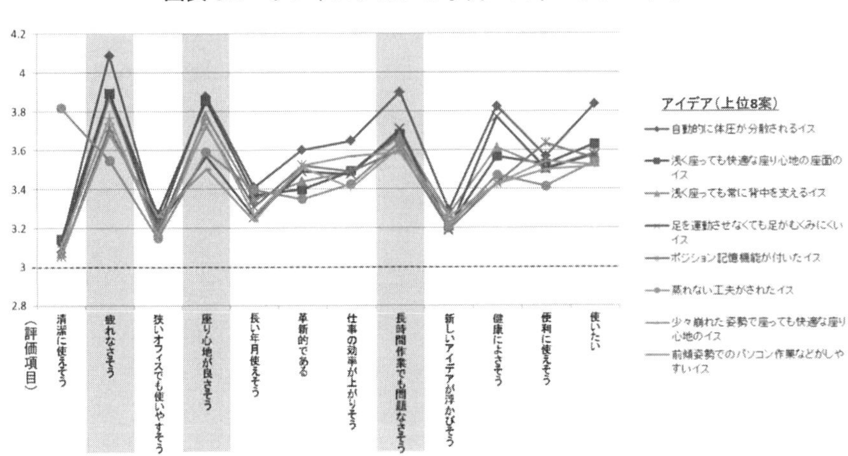


これまでに絞り込んだ仮説 19 件とインタビューで得られた仮説 1 件の評価を行った.

### (2) スネークプロット

**図表 3.2** は総合評価の高かった仮説 8 件についてのスネークプロットである.これらの仮説は評価の傾向は似ている(大きく動きの異なるものがほぼない)ということがわかった. さらに, 特徴として「疲れなさそう」,「座り心地が良さそう」,「長時間作業でも問題なさそう」の点数が高いということがわかった.

## 3.6 ポジショニング分析

次にポジショニングマップをつくるために因子分析を行った. その結果, 3 因子が抽出され, 因子負荷量は**図表 3.3** のようになった. 各因子を「長時間でも疲れない」,「便利」,「清潔」と意味づけし, それらの重要度の比率は 53 : 45 : 18 となった. その結果「長時間でも疲れない」,「便利」が特に重要な要素であるということがわかった.

ポジショニングマップをつくる前に性格や体質などの質問を用いてクラスター分析を行い, 5 つのクラスターを抽出した. 各クラスターの特性と構成比は

図表 3.3　オフィスチェアの事例・因子負荷量表

『長時間でも疲れない』
・座り心地
・健康に良さそう

『便利』

『清潔』

| 評価項目 | 因子1 | 因子2 | 因子3 |
|---|---|---|---|
| 清潔に使えそう | 0.164 | 0.220 | 0.754 |
| 疲れなさそう | 0.784 | 0.228 | 0.165 |
| 狭いオフィスでも使いやすそう | 0.215 | 0.590 | 0.252 |
| 座り心地が良さそう | 0.737 | 0.312 | 0.175 |
| 長い年月使えそう | 0.446 | 0.465 | 0.466 |
| 革新的である | 0.497 | 0.495 | 0.298 |
| 仕事の効率が上がりそう | 0.684 | 0.456 | 0.246 |
| 長時間作業でも問題なさそう | 0.813 | 0.312 | 0.179 |
| 新しいアイディアが浮かびそう | 0.504 | 0.460 | 0.394 |
| 健康に良さそう | 0.682 | 0.336 | 0.287 |
| 便利に使えそう | 0.410 | 0.655 | 0.160 |
| 各因子のウェイト | 53 | 45 | 18 |

:0.7以上
:0.5以上

図表 3.4　オフィスチェアの事例・クラスター分析の結果

| | 個人特性 | 人数 | 構成比 |
|---|---|---|---|
| クラスター1 | 平均的 | 148 | 37% |
| クラスター2 | 大ざっぱ，低価格指向，内向的，など | 63 | 16% |
| クラスター3 | 几帳面，周囲を気にする，高級指向，など | 86 | 22% |
| クラスター4 | 周囲を気にしない，物を捨てられない，低価格指向，など | 27 | 7% |
| クラスター5 | 冷え性ではない，外交的，など | 76 | 19% |
| | | 400 | 100% |

**図表 3.4** のとおりである．

この中から該当者と考えられるクラスター1～3の回答者データを用いて，ポジショニングマップを作成すると**図表 3.5** のようになった．

マップを見るとクラスター3は各仮説に対して特に反応が良いということがわかった．

図表 3.5　オフィスチェアの事例・ポジショニングマップ（クラスターで層別）

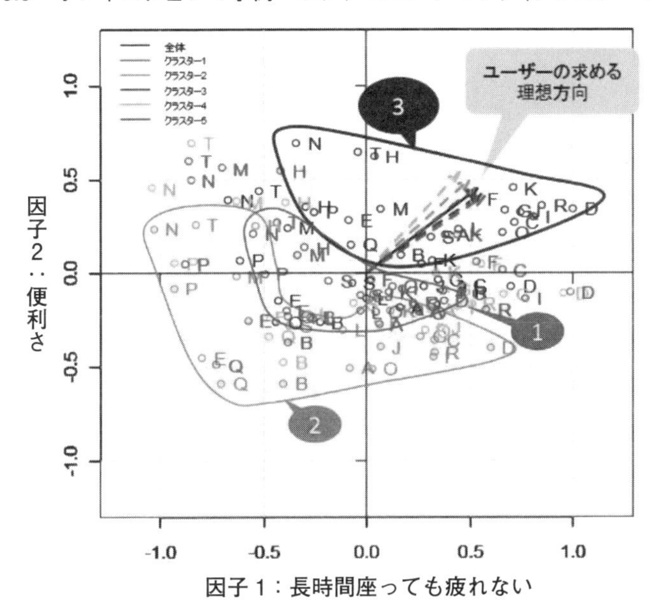




〈ここまでのまとめ〉

ここまでの分析などの結果により長時間でも疲れなく，便利である椅子が求められることがわかった．また，アンケート調査の一般質問や日記調査などにより，作業中は背もたれを使わないが，休憩などでは背もたれを使うためさまざまな姿勢をとれるものや正しい姿勢になれるものなどのニーズの方向を得ることができた．コンジョイント分析で検討すべき内容を大まかにまとめると，以下のようになる．

① 姿勢変化：前かがみ姿勢か？　前座りか？　左右の動作か？

② 座り心地：素材によるものか？　形状によるものか？

③ 健康：疲れをいやすものか？　正しい姿勢になるものか？　清潔か？

④ 便利：調節機能？　収納か？

# 3.7 コンジョイント分析

オフィスチェアのコンセプトで決定すべき内容を属性としてまとめると以下のようになった.

- 姿勢への対応
- 体圧分散
- 健康維持の工夫
- 清潔
- 省スペース対応
- デザイン
- 価格

これらの属性に対して2〜3つの水準を設定し，$L_{18}$ 直交表[18]に割り付けを行い18種類の組合せを作成した．各組合せに対して4つの評価項目で5段階評価を行った．実際の調査は1回目のアンケート調査に回答してもらった回答者(400名)に対して実施した．**図表3.6**に示すのがポジショニング分析の際に発見したクラスター3についてのコンジョイント分析の結果である(総合評価は「会社で買ってもらいたい」).

この際の評価の平均値は4.10，最適水準の組合せでは4.31となり，極めて良好な結果を得た．**図表3.7**が最適水準の組合せによる新たなオフィスチェアの提案である.

図表3.6　オフィスチェアの事例・コンジョイント分析の結果

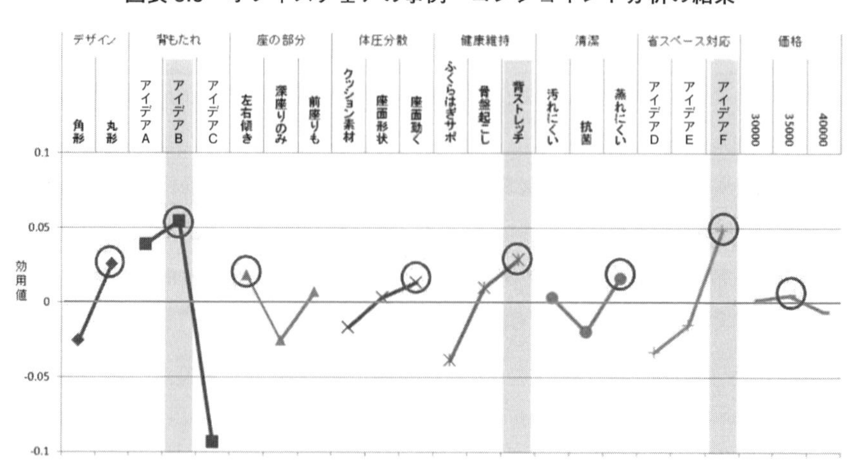

図表 3.7 オフィスチェアの事例・最適コンセプト案

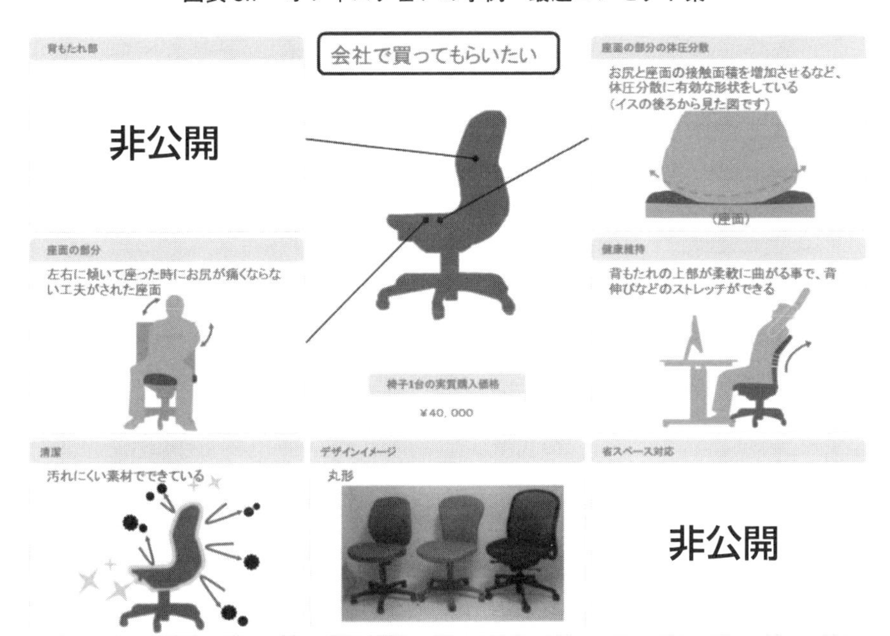


# 3.8 まとめ

エンドユーザーの使い方や考え方をヒントに仮説を立て，多数のユーザーの評価データから検証する．この流れがB to B企業であっても極めて有効であることを実体験できた．今後の企画・開発の指針となる．

# 第4章

# 花王の紙おむつ「メリーズ」ヒットの秘密

## 消費者ニーズを技術シーズで開花！

**ここがポイント！**

紙おむつ「メリーズ」のリニューアル商品が大ヒットとなったが，その企画プロセスには数々のP7手法が活躍していた(評価グリッド法，ポジショニング分析，アイデア発想法など)．調査を徹底する社風と相まって，顧客ニーズを優れたアイデアと技術で開花させた好事例である．



## 4.1 はじめに

本事例では，日本科学技術連盟の商品企画七つ道具セミナーの受講者が花王株式会社の紙おむつ「メリーズ」で実践された活動を紹介する．

花王には次の「商品開発5原則」があり，これらの原則にもとづき商品開発が行われている．

① 真に社会にとって有用なものかどうか(社会的有用性の原則)．

② 自社の創造的技術や技能が盛り込まれているかどうか(創造性の原則)．

③ 品質・価値に見合った価格で他社の商品よりも優れているかどうか(パフォーマンス・バイ・コストの原則)．

④ 商品化される前に，徹底的な消費者テストが行われ，あらゆる局面のスクリーニングに耐えられるかどうか(調査徹底の原則)．

⑤ 流通段階でその商品にかかわる情報をうまく伝達する能力があるかど

うか(流通適合性の原則).

メリーズの商品開発者もこの方法に則って開発を進めていたが，消費者ニーズが多様化してきた昨今においてはシーズ主導の開発では，顧客に価値を認めてもらえる商品を提供していないのではないかと思うようになり，P7 手法を用いた商品開発の仕組みこそが「商品開発５原則」に則っていると考えた.

例えば，当時の商品開発では「顧客が望むであろうと想定した仮説」を目標とする改良型の技術開発を行い，競合とのアンケート結果で比較を行い有利な商品をつくるといったフローで開発することもあり，必ずしも顧客視点に立っていないところがあった(**図表 4.1**). 商品化までのスピードは早いものの，実際には顧客からの支持が得られず，何度も試作とアンケートを繰り返すこともあった. 研究者は「技術開発をして差別化する要因を生み出しているのになぜ売れないのか」という悩みがあった. それらを解決する仕組みが商品企画七つ道具(P7)にあると考えた. P7 では徹底的な顧客ニーズの構造化・定量化(インタビュー調査，アンケート調査，ポジショニング分析)を行い，真の顧客ニーズを導き出すことができる. また科学的な発想法で効率よく独創的で魅力あるアイデアを創出することもできる. そして顧客ニーズと技術シーズを組み合

**図表 4.1　花王メリーズの事例・従来の開発の流れ**

わせることで，最終的に顧客の視点で顧客に“感動”を与えるヒット商品を生み出せるようになる(**図表 4.1**).

## 4.2 インタビュー調査(評価グリッド法)

顧客ニーズの構造化とアンケート調査の評価項目を把握するために評価グリッド法を行った．対象者 16 名に 5 商品(メリーズと競合品 4 つ)を使用してもらった後に 5 商品の一対比較を行った.

評価構造図の一部を**図表 4.2** に示す.

この構造図の下位概念は研究開発に有用な具体的な内容が，上位概念はマーケティングの商品コンセプトづくりに有効な情報となる．また評価項目ごとに構造図をつくり，それらの全体をまとめると紙おむつユーザーが紙おむつを評価する全体評価構造図となる.

## 4.3 アンケート調査とポジショニング分析

総数 250 名に，5 種類の紙おむつを実際に使ってもらい，評価した．調査票は前節の紙おむつ全体の構造図から，網羅的に評価項目を抽出すること，商品開発に落とせるように要求品質まで具体化した評価(例えば「柔らかさ」だけでなく「○○の柔らかさ」のように)としたことで，以前のアンケート項目の

**図表 4.2　花王メリーズの事例・評価構造図(一部)**

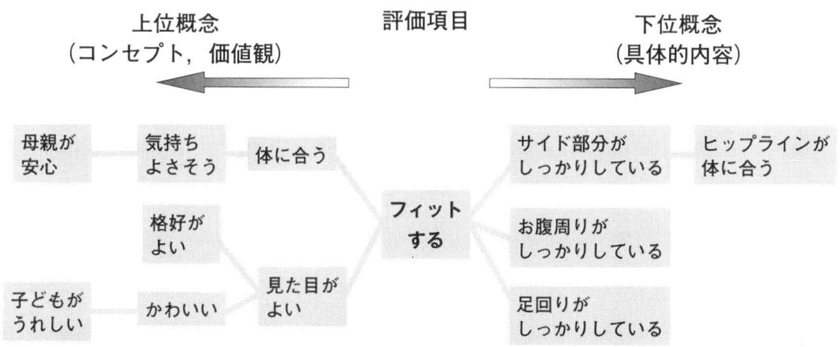

上位概念
(コンセプト，価値観)
評価項目
下位概念
(具体的内容)
母親が安心
気持ちよさそう
体に合う
フィットする
サイド部分がしっかりしている
ヒップラインが体に合う
格好がよい
お腹周りがしっかりしている
子どもがうれしい
かわいい
見た目がよい
足回りがしっかりしている

図表 4.3　花王メリーズの事例・ポジショニングマップ

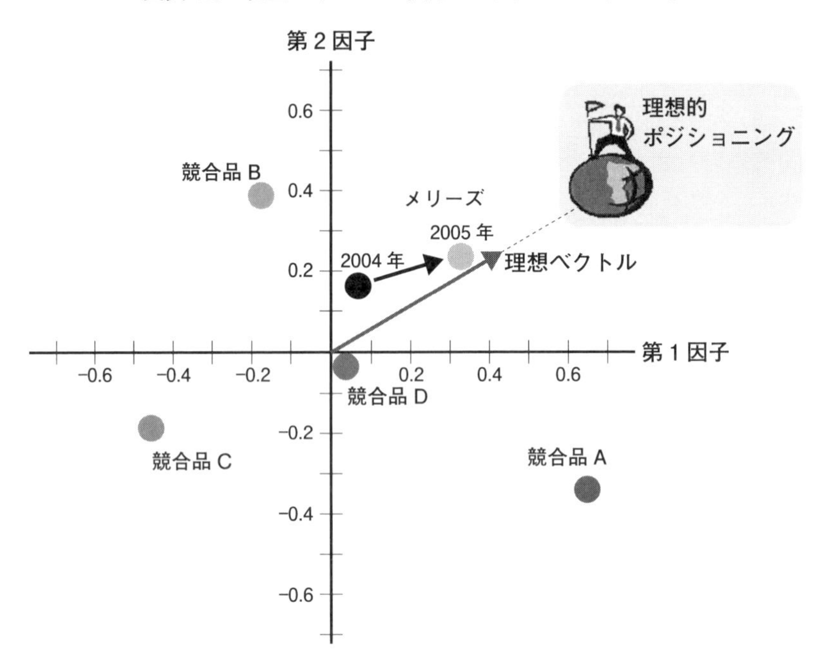


2〜3 倍の質問数となった．

その結果をスネークプロットで各評価項目の結果を示し，その後因子分析によって関連性の強い評価項目を集約して新しい軸をつくり，さらに商品の使用意向を総合評価として重回帰分析を組み合わせてポジショニング分析を行った．その結果の理想ベクトルと，各調査商品の因子得点を付置したポジショニングマップが**図表 4.3** である．このマップを関係者で共有して，現状の自社製品の客観的な位置づけを確認するとともに，商品改良時に理想ベクトルの方向にリポジショニングできるように商品企画を行い，そのための技術開発を行った．

# 4.4 アイデア発想法

アイデア発想法には独創的アイデアを効率よく創出する科学的な方法として焦点発想法，アナロジー発想法などを採用した．また前節のポジショニング分析で理想ベクトルが明らかになったことで，どのような方向性のアイデアを出

**図表 4.4 花王メリーズの事例・アイデア発想合宿の実施方法**

事業部，研究所メンバー(33名)でアイデア発想法によるアイデア出し

- **事前ワークにより，アイデアの出る環境を作る(約1カ月前から)**
  ① 焦点発想法を事前に実施し，意欲と発想の柔軟性を醸成
  ② アナロジー発想法，シーズ発想法により独創的商品アイデアを創造
- **参加者を6グループに分け，アイデアを競う**
  ① アナロジー発想法，シーズ発想法により独創的商品アイデアを抽出
  ② アイデアを統合・特性化・具体化して質を高める
- **アイデアの多面的評価を行い絞り込みを実施**
  ① 合宿形式で，グループ間でアイデアを評価し合う
  ② 重み付けと絞り込み(1グループ6件)を行う

せばよいか絞り込むことができた．**図表 4.4** はアイデア発想を合宿で実施した際のやり方を示したものである．

## 4.5 品 質 表

P7における品質表の役割は，顧客ニーズと技術シーズが体系的に把握できる仕組みである．展開は要求品質と品質要素，品質要素と機能展開，機能展開と技術展開の各二元表を作成する(**図表 4.5**)．

最後は要求品質(顧客ニーズ)と技術展開(技術シーズ)品質表にまとめられる(**図表 4.6**)．横方向の要求品質展開表にはポジショニング分析の因子軸と評価項目が展開している．また縦方向の技術特性展開表には紙おむつに必要な技術が書かれていて，各項目の関連の強さが◎，○，△で表示されている．

品質表では今までの分析で得られた顧客のニーズと技術シーズの関連性を把握し，開発すべき技術の優先度，技術のボトルネックを把握することができる．

例えば，紙おむつの横方向伸縮可技術の重要度は高く，これが開発できると，長時間使用してもムレない，子供が動きやすい，外側の素材が柔らかい評価の大きな向上が見込めることになる．このように顧客ニーズと技術シーズがマトリックス化された品質表をもとに関係者では技術開発に優先順位を決めて，中長期戦略にも活用している．

図表 4.5　品質機能展開による展開のイメージ

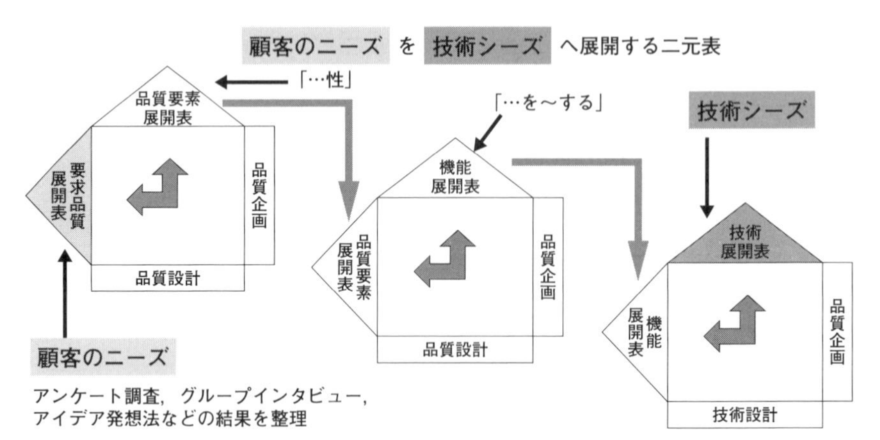


図表 4.6　花王メリーズの事例・品質表(一部)

| 要求品質展開表 ＼ 技術特性展開表 | | 通気性シート加工技術 | 形状設計技術 | 吸収体設計技術 | 立体形状吸収体設計技術 | おむつ表面材設計 | 表面材加工技術 | おむつ横方向伸縮化技術 | 素材伸縮技術 | ···· | 品質企画：重要度 | 比較分析：自社 | 比較分析：他社 A社 | 他社 B社 | 他社 D社 | 企画：企画品質 | 企画：レベルアップ率 | 企画：セールスポイント | ウェート：絶対ウェート | ウェート：要求品質ウェート |
|---|---|---|---|---|---|---|---|---|---|---|---|---|---|---|---|---|---|---|---|---|
| 通気性がよい | 長時間使用してもムレない | ◎ | | | | ○ | ◎ | ○ | | ···· | 5 | 3.8 | 4.3 | 3.6 | 3.7 | 4.5 | 1.2 | ◎ | 8.9 | 4.7 |
| | 通気性がよい | ◎ | | | | ○ | ◎ | ◎ | | ···· | 5 | 3.9 | 4.4 | 3.9 | 4.1 | 4.5 | 1.2 | | 5.8 | 3.1 |
| | 肌が赤くなりにくい | ◎ | | | | ○ | ◎ | | | ···· | 5 | 3.9 | 4.5 | 3.8 | 3.9 | 4.5 | 1.2 | | 5.8 | 3.1 |
| ずれにくさ、もれにくさ、フィット感 | 長時間ズレ落ちにくい | | ◎ | ○ | △ | | | | ○ | ···· | 3 | 3.9 | 3.7 | 3.8 | 4.2 | 4.2 | 1.1 | | 3.2 | 1.7 |
| | フィットする | | ◎ | ○ | △ | | | | ○ | ···· | 3 | 4.3 | 4.2 | 4.0 | 4.4 | 4.4 | 1.0 | | 3.1 | 1.6 |
| | 子どもが動きやすい | | ◎ | ○ | △ | | | ◎ | ○ | ···· | 3 | 4.3 | 4.1 | 4.2 | 4.2 | 4.5 | 1.0 | ◎ | 3.2 | 1.7 |
| 柔らかさ | 外側の素材が柔らかい | | | | | | | ◎ | | ···· | 3 | 4.7 | 4.4 | 3.9 | 4.3 | 4.8 | 1.0 | ◎ | 4.6 | 2.5 |
| | 内側の素材が柔らかい | | | | | | | ○ | | ···· | 3 | 4.3 | 4.0 | 4.0 | 4.1 | 4.5 | 1.0 | ○ | 3.8 | 2.0 |
| ⋮ | ···· | | | | | | | | | ···· | ⋮ | ⋮ | ⋮ | ⋮ | ⋮ | ⋮ | ⋮ | ⋮ | ⋮ | ⋮ |
| 重　要　度 | (％) | 6.4 | 4.9 | 2.4 | 0.9 | 5.2 | 6.4 | 8.2 | 1.7 | ···· | 100 | | | | | | | | 合計 | 100 |

# 4.6 ま と め

メリーズの新商品開発に P7 を導入し，理想ベクトルに向けて改良した結果，売上，シェア，ブランドスコアのいずれもが上昇する成果を得ることができた．それのみでなく，各部門でも以下の大きなメリットがあった．

- 研究部門にとっては具体的に開発すべき技術がわかり，物性値などの評価項目と目標値が明確となった.
- マーケティング部門にとってはブランドのあるべき姿を明確に描け，ブランドメッセージをわかりやすくつくることができ，広告宣伝効果が高まった.
- 販売部門にとっては商品の特長をわかりやすく伝えることができ，店頭販売で競合品との差別化を説明しやすくなった.

その後もメリーズでは毎年定量調査を実施し，顧客ニーズの変化を常に観察しながら，商品開発の道しるべにしている.

なお，海外での自社商品の展開にもP7は活用され，さまざまな国のターゲットユーザーの価値軸を明らかにして，新商品，改良商品の商品企画に有効に活用されている.

# 第5章

# 中小企業がもつ技術を活用した画期的食品の企画

## 高カロリー食品を食べなかったことにするって!?

**ここがポイント！**

中小企業は多くの場合トップの意向や納入先の依頼ですべてを決めてしまうが，各々が保有する強み技術と Neo P7 手法を徹底的に用いれば，本事例のように B to C(一般消費者向け)商品にも十分に挑戦できる．そのような意味で画期的な事例である．

## 5.1 はじめに

本事例は2016年度に神田ゼミナールと株式会社ボルケイノとで実施された産学協同研究である．ボルケイノは2008年に設立された企業で女性向け小物や石鹸を用いた造花などを開発し，販売してきた．関連会社2社を含めて広範囲かつ多数の独自技術を所有し，環境・社会に貢献するユニークな商品を開発・販売している．その一つの技術に「低分子化」(バイオ技術を用いて食品を分子レベルに分解し，消化吸収しやすくする)があり，これを用いた新たなピューレ(個体と液体の中間の飲食品)商品を企画開発すべく，神田ゼミナールとの産学協同研究を行った．

# 5.2 仮説の創出

### (1) 仮説発掘アンケート

まず，ピューレとして可能性のある飲食品ジャンルを神田ゼミナールの学生とボルケイノの社員で以下の８種類設定した.

① 調味料・ちょいのせ(ふりかけのように使うもの)
② お酒の割物
③ 野菜・果実
④ サプリ・健康食品
⑤ 食べにくいもの(硬いものなど)
⑥ 肉類
⑦ 魚類
⑧ 美容に良い食品

以上の８分野で仮説発掘アンケートを作成し，135名の回答(主に成城大学の学生)を得た(**図表5.1**)．その結果得られた仮説は680件にも及んだ(1人が複数のアンケートに回答してもらったため).

### (2) アイデア発想法

仮説発掘アンケートと同時に，各種アイデア発想法を用いてメンバーで独自の仮説を創出した．用いた手法は焦点発想法(80件創出)，ブレインライティング(25件創出)である．**図表5.2**は焦点発想法，**図表5.3**はブレインライティングでのアイデア創出の例である.

### (3) アイデアの絞り込み

ここまでのプロセスで総計785件もの多数の仮説を得ることができたが，実現可能性を考慮し，チームメンバーで39件に絞り込んだ(**図表5.4**はその一部)．さらに，これらを絞り込むべく，39件の仮説を５つの項目で10点満点の評価を行った(**図表5.5**)．この際，５項目のウェイトはすべて同等とし，点数の高い順に採用したが，点数が低くともユニークな案は採用した．その結果15件の仮説が残り，次のインタビュー調査でさらにブラッシュアップした.

### 図表 5.1　ピューレの事例・仮説発掘アンケートの例

**仮説発掘アンケート**
**成城大学　神田ゼミナール 3 年**
**チーム「VOLCANO」**　テーマ（　調味料・食品　）

※以下で言う「ピューレ」とは、とろみのある半液体のこと
（ネクターやスムージーのようなもの）指します。

| | |
|---|---|
| A | 「調理の時や食事の時に、かけたり、のせて良かったもの」でいいのがあったら教えて。 |
| B | そうだね、「　(例) 佃煮、醤油、ケチャップ」<br>[　　　　]かな。 |
| A | どんなところが良かったの？ |
| B | うん、「　(例) 味がおいしくなる・香りが広がる　」<br>[　　　　]ところが気に入った。 |
| A | へぇーいいね！じゃあその「　　　　」で不満なことはある？ |
| B | うーん、「(例) 容器から出す手間が面倒」<br>[　　　　]ところが不満かな。 |
| A | なるほど。どうしてその点が不満なのかな？ |
| B | やっぱり<br>[　　　　]じゃないとね！「(例) 容器から出しやすい」 |
| A | やっぱりそうだよね！ピューレ状や粉状になったら良いものがあると良いよね。<br>例えば、「ラーメンの上にのせるニンニクが、ピューレ状になっているものとか」かな！ |
| B | 今は難しくて、できるかどうかわからないけど、<br>[　　　　]や、<br>[　　　　]や、<br>[　　　　]のような「ピューレ状の食品」があればいいなぁ。 |

### 図表 5.2　ピューレの事例・焦点発想法の結果（一部）

**焦点発想法　　発想シート**

焦点を当てる対象 [　サッカー　]　　テーマ商品 [　肉　]

| 焦点を当てる対象の特性・要素 | 中間アイディア | 発展させた商品アイデア |
|---|---|---|
| 1. ボール | 丸い | 肉の旨味を凝縮。ハンバーグ等に混ぜるだけで安い肉でも絶品に。 |
| 2. サポーター | 熱い | 熱い状態から、冷めた状態まででで味に変化あり。 |
| 3. 優勝 | めでたい | 各地の特産牛ふりかけ |
| 4. フェイント | だます | ただのうどんかと思いきや、めっちゃ肉の味する |
| 5. ドリブル | 自ら攻める | さらに肉の味を引き立たせられる粉 |

図表 5.3　ピューレの事例・ブレインライティングの結果（一部）

ブレインライティング記入用紙

テーマ（[illegible] ピューレ [illegible]）

| 回数／担当者氏名 | アイデアA | アイデアB |
|---|---|---|
| No. 1 ↓ | あと味スッキリ | 予想してた味と違うビックリ飲料 |
| No. 2 ↓ | 歯磨き終了の清涼感 | パッケージの形状と中身が違う。 |
| No. 3 ↓ | 味のスッキリ感はもちろん、飲むと体の温度も下がる | 見た目の色と中身の味にギャップがある |
| No. 4 ↓ | ミントがピューレまたは粉に入っている | [illegible] |
| No. 5 ↓ | いつまでも冷えた状態を保てる。 | どんなお酒のでも色をかえられるピューレ |
| No. 6 | 冷感植物と、栄養目的植物と、ブレンドして構成。 | お酒の種類によって混ぜた時に、色が変化する。ピューレ。 |

**図表 5.4　ピューレの事例・カテゴリーに分類した仮説一覧（一部）**

### 野菜

- 朝に1日分の栄養が摂れる朝ピューレ
- オクラのピューレ
- かき氷のシロップ
- 子供用苦手克服ピューレ
- 自分で好きな野菜をブレンドできるピューレドリンク
- 栄養たっぷりドリンク（青汁強化ver）
- お菓子の味付け（ポテトチップスにつけるなど）

### 肉

- 脂肪分を抜いたダイエット向きの肉
- 型に流し込んでいろいろな形にできるピューレ
- ハンバーグなどかけるだけで安い肉でも絶品に

### 魚

- いろいろな魚を凝縮した出汁の素（シイタケなども）
- 骨だけを使ったふりかけ
- 後味が魚ではないピューレ
- 味がすぐに染みる煮物

### お酒

- 美容に良いお酒割り用ピューレ
- タピオカのようなドリンク
- 果物ピューレの氷
- 見た目はビールだが，味をカクテルに変えられる
- 液体と触れると固まりゼリーのようになる
- 容器に入れると水と反応して光る
- 酒の良いところを引き出す酒のつまみ

### 調味料

- お肉などカロリーの高いものにかけると実際以上の満腹感が得られる
- 体調悪さ発見ピューレ

### その他

- 一口で満足感を得られるピューレ
- 食前に少量食べるとダイエット効果のあるピューレ

### 食べにくいもの

- トーストに塗るマシュマロピューレ
- 粉末状のたれパウダー

図表 5.5　ピューレの事例・仮説評価表(一部)

| No. | 仮　説 | 美味しそう | 広範囲に使えそう | 便利そう | 画期的 | 健康に良さそう | 平均点 |
|---|---|---|---|---|---|---|---|
| 29 | 味がすぐに染みる煮物用ピューレ | 7.33 | 6.17 | 7.33 | 6.83 | 6.33 | 6.80 |
| 32 | いろいろな魚を凝縮したダシの素ピューレ | 7.83 | 5.67 | 6.83 | 5.67 | 7.17 | 6.63 |
| 38 | ドリンクに美容成分の粉末をカスタマイズして入れられる | 5.83 | 6.17 | 7.00 | 5.67 | 7.83 | 6.50 |
| 36 | 栄養を摂れる上に満腹感が得られるピューレドリンク | 5.67 | 5.83 | 6.83 | 7.17 | 6.83 | 6.47 |
| 37 | スティック状のピューレを気分に合わせてセレクトできる | 6.17 | 7.17 | 7.33 | 5.00 | 6.50 | 6.43 |
| 34 | 食前に少量食べるだけで，ダイエット効果のあるピューレ | 5.33 | 5.67 | 6.83 | 7.17 | 7.00 | 6.40 |
| 25 | 肉の旨味を凝縮．ハンバーグなどに混ぜるだけで安い肉でも絶品に | 6.83 | 6.00 | 6.17 | 6.67 | 5.17 | 6.17 |
| 17 | 見た目はビールだが味をカクテルに変えられる(ビール苦手な人向け) | 6.33 | 4.67 | 7.00 | 8.00 | 4.67 | 6.13 |
| 21 | 酒のつまみ(そのお酒の良いところを引き出す・または一緒に栄養をとる) | 6.00 | 5.33 | 6.17 | 6.50 | 6.67 | 6.13 |
| 35 | 1口で満足感を得られるピューレ(ポケットに入るサイズ) | 4.83 | 6.00 | 6.17 | 6.17 | 7.33 | 6.10 |
| 10 | 料理に入れて子供に食べさせる(嫌いなものの苦手克服など) | 4.67 | 5.17 | 6.67 | 7.50 | 6.33 | 6.07 |
| 2 | お肉などカロリーの高いものにかけると実際以上の満腹感が得られる | 4.67 | 5.67 | 6.67 | 7.33 | 5.50 | 5.97 |
| 6 | 自分で好きな野菜をブレンドできるピューレドリンク | 6.67 | 4.67 | 5.50 | 5.83 | 7.00 | 5.93 |
| 33 | 子供向けの栄養満点のゼリー状ピューレ | 5.17 | 5.50 | 5.50 | 5.83 | 7.67 | 5.93 |
|  | ⋮ |  |  |  |  |  |  |
| 23 | 型に流し込んでいろいろな形にできるピューレ(ハート形にかたどられた肉など斬新？) | 5.33 | 5.83 | 5.17 | 7.67 | 4.67 | 5.73 |
| 20 | 空気に触れると固まる特性を活かして，水に入れると溶けるピューレ | 6.17 | 5.17 | 4.67 | 7.50 | 5.00 | 5.70 |
| 1 | そのときの体調によって味が変わるピューレ | 3.83 | 4.50 | 6.67 | 7.50 | 5.83 | 5.67 |
|  | ⋮ |  |  |  |  |  |  |
| 18 | 液体と触れると固まりゼリーのようになる(見た目でも楽しめる) | 5.83 | 4.83 | 4.83 | 7.83 | 4.00 | 5.47 |

# 5.3 グループインタビュー

前節で絞り込まれた15件の仮説についてボルケイノ社員13名と学生10名に対してグループインタビューを行った．また，絞り込まれた仮説がほぼ食品になったので，インタビューにおける前半の現状把握は料理に関する質問とした．**図表5.6**にグループインタビュー時のシナリオを示す．

図表5.6 ピューレの事例・グループインタビューのシナリオ

| 時間 | 質問項目 | 内　容 |
|---|---|---|
| 10分 | 自己紹介 | • お名前，暮らし方，趣味，自分で料理するか，その頻度． |
| 20分<br>(30分) | 現状把握 | **一般的情報を聞く**<br>• 住んでいるところ<br>• 家族の状況<br>**料理に関して話を聞く**<br>**〈料理をする人〉**<br>• 最近つくった料理を3品聞く，その理由，その時に不満に感じた事，要望<br>(不満例，焼き魚をつくったが骨があり，食べにくかった)<br>(要望例，栄養が摂れて骨がなく魚と同等の栄養が得られるもの)<br>**〈料理をしない人〉**<br>• 最近食べた料理(なるべく調理に手間がかかっているもの)，感想，不満に感じた事，要望 |
| 10分<br>(60分) | 休憩 | |
| 70分<br>(110分) | 仮説案の提示と評価 | ピューレに関しての具体的な説明<br>(説明例，魚のピューレなら骨もなく，栄養も摂れます！)<br>**仮説の提示(この時に仮説の説明を行う)と評価(16案)**<br>• まず「最も欲しい案」を3つ選択してもらう．その理由も聞く．<br>• 次に「絶対にいらない案」を自由に選択してもらう．その理由も聞く．<br>• 次に「これは面白い！」と思う案を自由に選択してもらう．その理由も聞く．<br>• 最後に10点満点で総合評価点を各案につけてもらう． |
| 10分<br>(120分) | 要望 | **要望を聞く**<br>• 食べ物に関するピューレでほしいものなどを話し合う． |

その結果は以下のとおりであった.

① 独り暮らしの方の食事の不満

【調理が大変と感じる食材】

- 魚(20代女性・大学生)
- ブドウ，小籠包(30代男性・独身)

【調理時の不満】

- つくる料理の量が多くなるときがある(20代女性・大学生)
- 買った食材を使い切れない(20代女性・大学生)
- 添加物が心配．安全で栄養価のある食品を食べたい(30代男性・独身)

② 家族同居の方の食事の不満

【調理が大変と感じる食材】

- たけのこ，いか，ささみ(20代男性・大学生)
- 栗・貝・臭いのあるもの(30代女性・主婦)

【調理時の不満】

- 生ものの賞味期限管理が厄介(20代女性・大学生)
- 果物の種を取る手間・料理の準備が面倒(40代女性・パート・既婚)
- 貝の砂抜きが面倒(50代女性・パート・既婚)
- 栄養素同士で相殺し合わないか不安になる(30代女性・主婦・既婚)
- 揚げ物の臭いと，調理後の油の処理が手間(20代男性・独身)

③ 仮説評価の結果

仮説に対しての評価点(10点満点)の平均を求め，対象者23名を「男性」,「女性」,「社会人」,「学生」,「料理する人」,「料理しない人」の6通りで分類した結果,「脂肪，糖分の吸収を抑えるピューレ」が5分類においてトップ(平均7.73)であった．また,「味がすぐに染みる煮物」が3分類(女性(15名)・学生(10名)・料理する人(18名))で2位となり，ユニークかつ実用的な仮説への評価が高いことがわかった.

# 5.4 アンケート調査

今回のアンケート調査では健康への意識が高い回答者を抽出すべく，予備調査にて10,338名から本調査の対象となる回答者の抽出を行った．具体的には男女・年代(20代～60代)を均等に割り当て，健康や食品(自身の健康状態，健康食品，新しい食品，美味しい食べ物・飲み物，ダイエットの項目)に関心があると答えた方を抽出し，500名の回答者を得ることができた．回答者の属性

**図表5.7　ピューレの事例・アンケート調査における仮説案**

① 煮物にかけるとすぐに味が染みるピューレ

煮物をつくるときに時間がかかり困っている方がたくさんいらっしゃいます．煮物をつくる際にかけると短時間で味が染みます．

② いろいろな魚を凝縮した出汁の素

カツオ，イワシなどさまざまな魚のダシを凝縮してあります．手間暇かけずに美味しい出汁をつくれます．

③ 見た目はビールだが，苦くない味に変えられる

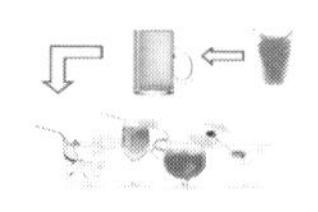

苦手だけど，乾杯のときなどビールを飲まざるを得ない状況になった場合におすすめです．さっと入れるだけでビールの苦みは消え，楽しく乾杯することができます．

④ 肉の旨味を存分に引き出すピューレ

肉の旨味がたっぷり詰まったピューレ．ステーキ，焼肉，ハンバーグなどにかけるだけで安い肉でも絶品に！

⑤ 苦手な食べ物を克服するピューレ

ピューレなので嫌いな物が混ざっていても気づかれにくい!?
特に好き嫌いが多いお子様に最適です．

⑥ 酒のつまみにかけることにより悪酔いしなくなるピューレ

美味しいおつまみがあると，ついつい飲み過ぎてしまいます．
このピューレには悪酔いしない成分が入っていますので，失敗できない飲み会などに最適です．

⑦ 体調によって選択できる有効成分の入ったピューレ

そのときの体調に必要なものをピューレで手軽に美味しく，食事しながら摂取できます．

⑧ 脂肪分・糖分の吸収を抑えるピューレ

たくさん食べたいけれど，カロリーが気になる方が多いようです．
脂肪や糖質の多い食品にかけたり，材料に加えたりすることで，脂肪と糖質の吸収をほとんど抑え，ダイエット効果があります．

⑨ ジュースやお酒などに入れるとタピオカのような塊になるピューレ

ピューレを容器から出してジュースやお酒などに入れると，タピオカのような塊になります．
見た目でも食感でも楽しめる驚きのピューレです．

⑩ 少量で栄養がとれ，満腹感が得られるピューレドリンク

疲れたとき，忙しいとき，栄養が足りないときでも手軽に栄養摂取ができます．

⑪ スティック状のピューレを気分に合わせてセレクト

さまざまなピューレをセットで用意．
フルーツセットなら，今日はバナナが良いと思ったら，それをチョイスして摂取するだけで凝縮されたバナナの栄養素を取り入れられます．

⑫ 自分で好きな野菜をブレンドできるピューレ

ミキサーでジュースやスムージーをつくるのは，結構厄介なものです．
小分けになった野菜ピューレを組み合わせて，自分好みの野菜ジュースを簡単につくることができます．

⑬ 育ち盛りの子供の栄養バランスを整える発育補助ピューレ

毎日の食事で栄養バランスを保つのはなかなか困難なことです．
カルシウムを始めとしたピューレを日々の食事に加えるだけで，育ち盛りの子供に足りない栄養素などを補い，子供の成長を促します．

図表 5.8　ピューレの事例・スネークプロット

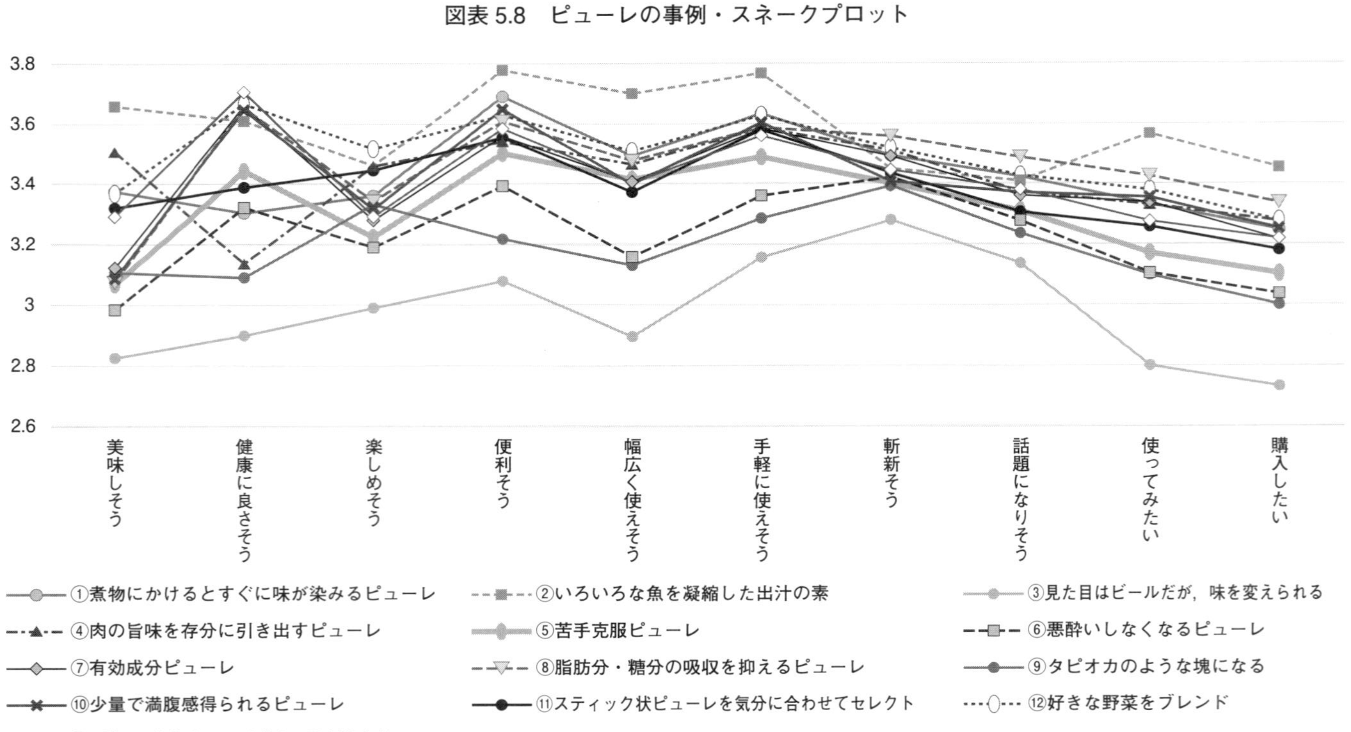

は既婚者が多く，会社員・専業主婦の割合が高いことがわかった．アンケート調査では500名に対して前掲の**図表5.7**に示す13件の仮説案を評価してもらった．

これら仮説案の評価平均値のスネークプロットを**図表5.8**に示す．総合評価「購入したい」の評価の平均が高かった仮説は高い順に次のとおりであった．

- 仮説②：いろいろな魚を凝縮した出汁の素
- 仮説⑧：脂肪分・糖分の吸収を抑えるピューレ
- 仮説⑫：自分で好きな野菜をブレンドできるピューレ
- 仮説④：肉の旨味を存分に引き出すピューレ

さらに健康への関心の程度の質問を用いてクラスター分析を行った結果，3クラスターとなり，それらは健康への関心度の高低で分かれていた．そこで今回は健康への関心度の低いクラスターの回答者を排除し，それ以外の方に絞り込んで分析を行った．また，特に健康への意識が高いクラスターには137名が属しており，女性(特に主婦層)が多いということがわかった．



# 5.5 ポジショニング分析

次にポジショニング分析を行った．まず，評価項目を用いて因子分析を行い，3つの因子を抽出し，各因子に意味付けを行った結果，因子1が利便性，因子2が美味しさ・楽しさ，因子3が斬新性となった．3因子の影響度は因子1：因子2：因子3 = 5：6：4となり，ポジショニングマップは**図表5.9**のように

**図表5.9　ピューレの事例・ポジショニングマップ**

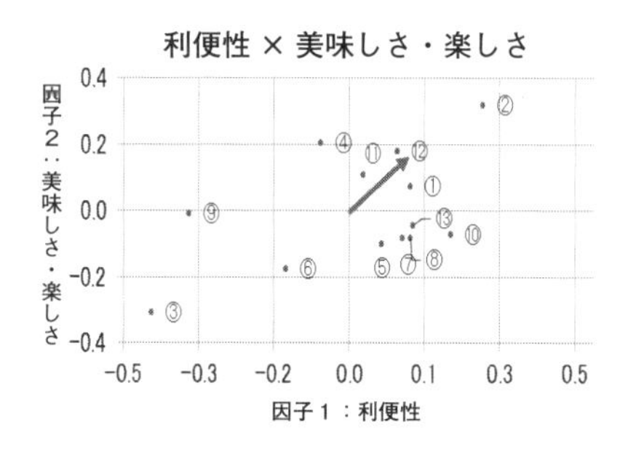


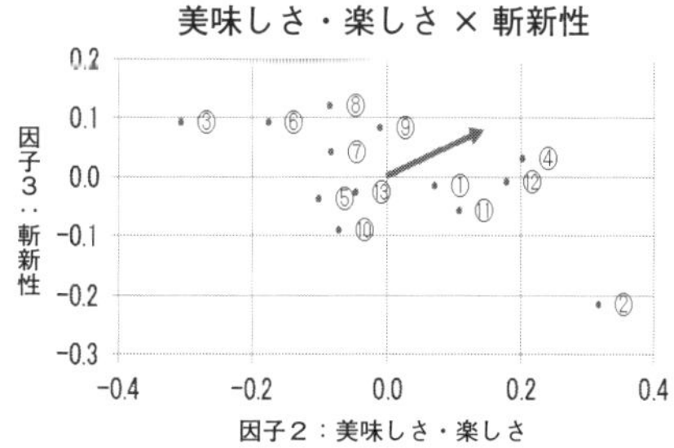

なった．

スネークプロットで評価が高かった仮説②「いろいろな魚を凝縮した出汁の素」は斬新性が低いことがわかった．また，層別で分析した場合，男性は因子3の斬新性を強く求めており女性は因子2の美味しさ・楽しさを重視していることがわかった．

理想ベクトルの矢印方向周辺にある仮説を大きくまとめると3つになるので，次の3系統でのコンジョイント分析を検討する．

- 出汁系の仮説
  仮説②　いろいろな魚を凝縮した出汁の素
- 吸収抑制系の仮説
  仮説①　煮物にかけるとすぐに味が染みるピューレ
  仮説④　肉の旨味を存分に引き出すピュー
  仮説⑧　脂肪分・糖分の吸収を抑えるピューレ
- 野菜系の仮説
  仮説⑫　自分で好きな野菜をブレンドできるピューレ
  仮説⑬　育ち盛りの子供の栄養バランスを整える発育補助ピューレ

# 5.6 コンジョイント分析

### (1)　属性と水準

前節で挙げた3系統にまとめた仮説をさらに精選し，3つの仮説②，⑧，⑫の各々についてコンジョイント分析を実施した．以下に属性と水準を示す．

(a)　仮説②・かつおなどを凝縮した出汁ピューレ

かつおなどの魚を凝縮した出汁をピューレ状にしてあり，手間暇かけずに美味しい出汁をつくれ，いろいろな料理に簡単に活用できる(**図表5.10(a)**)．

(b)　仮説⑧・脂肪分・糖分の吸収を抑えるピューレ

脂肪や糖質の多い食品にかけたり，材料に加えたりすることで，脂肪と糖質の吸収をほとんど抑え，ダイエット効果がある(**図表5.10(b)**)．

(c)　仮説⑫・自分で好きな野菜を手軽にとれるピューレ

図表 5.10 ピューレの事例・仮説の属性と水準

(a) 仮説② 出汁

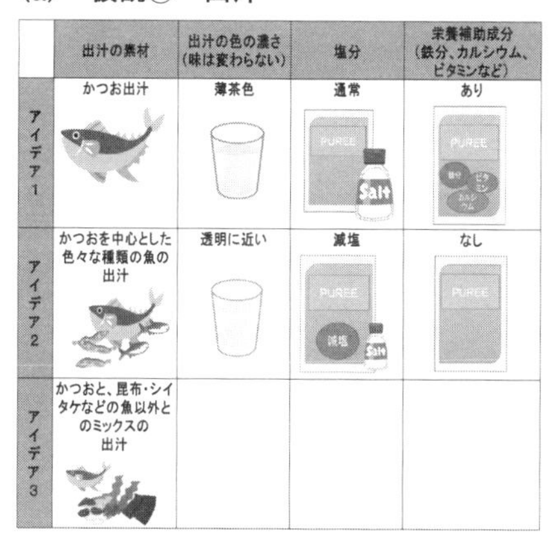

| | 出汁の素材 | 出汁の色の濃さ（味は変わらない） | 塩分 | 栄養補助成分（鉄分、カルシウム、ビタミンなど） |
|---|---|---|---|---|
| アイデア1 | かつお出汁 | 薄茶色 | 通常 | あり |
| アイデア2 | かつおを中心とした色々な種類の魚の出汁 | 透明に近い | 減塩 | なし |
| アイデア3 | かつおと、昆布・シイタケなどの魚以外とのミックスの出汁 | | | |

(b) 仮説⑧ 吸収抑制

| | 味・香り | 脂肪分・糖分の吸収を抑える効果 | 脂肪の燃焼を高める等の栄養補助成分（カテキン・Lグルタミン酸・コエンザイムQ10など） |
|---|---|---|---|
| アイデア1 | 甘い味・香り | 強い | あり |
| アイデア2 | 辛い味・香り | 弱い | なし |
| アイデア3 | 無味・無香 | | |

(c) 仮説⑫ 野菜

| | 商品のスタイル | 口当たり | ダイエット効果やデトックス効果のある栄養補助成分（乳酸菌・オリゴ糖・ポリフェノール等） | 色 |
|---|---|---|---|---|
| アイデア1 | 理想のバランス野菜ピューレ（1日分の必要な野菜が摂れる） | さらっとしている | あり | 素材そのものの色 |
| アイデア2 | 数種類のお勧め野菜セット（例：肌に良いセット、ダイエット効果のあるセット） | とろっとしている | なし | 天然素材による着色 |
| アイデア3 | 個々の野菜のピューレ | | | |

ミキサーでジュースやスムージーをつくるのは厄介なので，吸収されやすい野菜ピューレをそのまま飲んだり，小分けの野菜ピューレを組み合わせることで自分好みの野菜ジュースをつくったり，料理の素材に混ぜたりできる（**図表 5.10(c)**）．

## (2) 分析の結果

これらの属性・水準を $L_8$ 直交表に割り付けて，それぞれ 8 通り，計 24 通りの組合せをアンケート調査と同じ対象者500名に依頼し「試しに使ってみたい」,「買いたい」などの４項目について５段階で回答してもらった(実回答者は416名).「買いたい」についての結果は以下のようになった.

(a)　かつおなどを凝縮した出汁ピューレ

最適水準の全体効用値は3.55となり，各属性での効用値は以下のようになった．また，男女別の解析を行った結果，最適水準の全体効用値で差が見られ，女性のほうが3.77と高くなり，男女は出汁の色の濃さ

**図表 5.11　ピューレの事例・コンジョイント分析結果**

(a)　仮説②　出汁

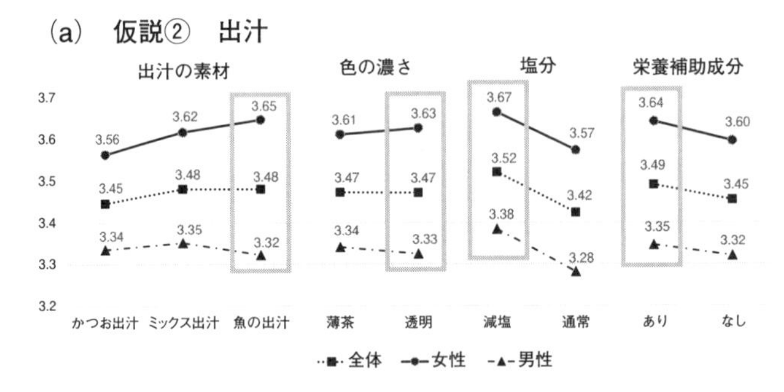


(b)　仮説⑧　吸収抑制

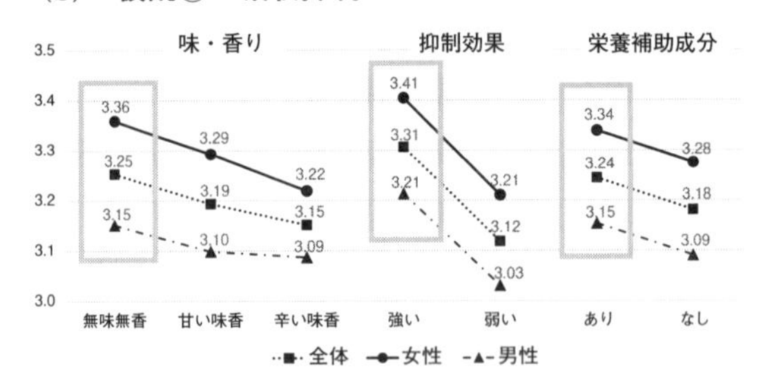


(c)　仮説⑫　野菜

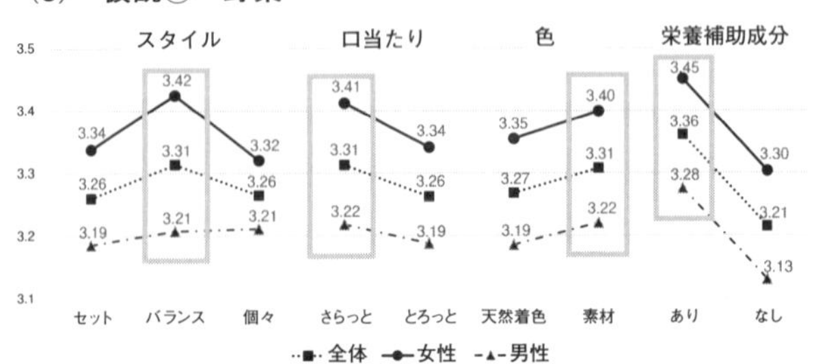

などで評価が分かれた(**図表 5.11(a)**).

(b)　脂肪分・糖分の吸収を抑えるピューレ

最適水準の全体効用値は 3.37 に，男性で 3.27，女性で 3.48 となった．これも仮説②と同じような結果が得られた(**図表 5.11(b)**).

(c)　自分で好きな野菜を手軽にとれるピューレ

最適水準の全体効用値は 3.43 に，男性で 3.32，女性で 3.56 となった．評価の方向に違いは見られないものの，女性の評価は全体的に高い傾向であった(**図表 5.11(c)**).

なお，(a)～(c)の各ケースで 8 通りの総合評価点にクラスター分析をしたところ，評価の高いクラスター(人数で 30～40%)では全体効用値が 4.2～4.3 となり，いずれも良好な購買意向を得ることができた．

これらコンジョイント分析のほかに，アンケート調査の一般質問で商品のパッケージデザイン案やネーミング案の評価も実施し，ネーミングは担当学生が提案した「素材まるごとピューレ」に決定した．

## 5.7　最終コンセプト・商品化

コンジョイント分析でのアンケート調査をもとに 3 種類のピューレのコンセプトがつくられた(**図表 5.12**).

本ピューレは原稿執筆時点で，他企業とのコラボレーションにより商品化に向かっており(詳細は非公開)，ヒット商品となることが期待されている．

## 図表 5.12　ピューレの事例・最終コンセプト

### 最終コンセプト 出汁ピューレ

パッケージ

◎栄養補助成分：あり
（カテキン・コエンザイム Q10 など）
◎かつおを中心とした色々な種類の魚の出汁
◎減塩
◎透明に近い色

### 最終コンセプト 脂肪分・糖分の吸収を抑えるピューレ

◎脂肪分・糖分の吸収を抑える効果：強い
◎脂肪の燃焼を高める等の栄養補助成分：あり
（カテキン・コエンザイム Q10 など）
◎味・色：無味無臭

### 最終コンセプト 野菜ピューレ

パッケージ

◎口当たり：さらっとしている
◎栄養補助成分：あり
（カルシウム・鉄分など）
◎素材そのものの色
◎数種類のお勧め野菜セット
（例：肌に良いセット）

# 第6章

# 大人の女性向けファンデーションの商品企画

## 30代後半からの理想を追求した化粧品

**ここがポイント！**

日本生活協同組合連合会の通販商品での，女性向き化粧品(ファンデーション)のリニューアル成功事例である．化粧品は中身の良さも外見の魅力感も極めて重要であるため，P7手法を用いて両者を並行して詳細に調査分析し，ニーズを正確に反映することで優れた商品となった．



## 6.1 はじめに

本事例は2009年度に行われた日本生活協同組合連合会(以下，日本生協連)と神田ゼミナールとの産学協同研究事例である．生協関係と神田ゼミナールとの商品企画は数多く，2003年の東都生協との「野菜たっぷりプチ肉まん」の大ヒットをきっかけとしてシューマイ，和菓子，おこわ，がんもどきなどの産学協同研究を行い，その後日本生協連通販事業本部でもいくつかのP7を用いた商品企画を実施している．本事例も2011年に商品化され，日本生協連の化粧品の中でもヒット商品となった．

今回の研究は当時展開していたコープ化粧品シリーズ「RB」クリーミィファンデーション(以下，RB)のリニューアルを行うというものであった．「RB」シリーズはコープメイクシリーズの一つで“Radiant Beauty”の頭文字で「まばゆいばかりの美貌」を意味している．そのコンセプトは「高機能」，「トレンド」,「心地よい使用感」,「本格的」であり，ターゲット層は30代後半からの大人の女性としている.

## 6.2 インタビュー調査

### (1) グループインタビュー

インタビュー調査では生協組合員(35～54歳の女性)21名へグループインタビューを実施し，ファンデーションに対する現状評価・不満・要望を抽出した.インタビューで多く聞かれたファンデーションに対して求める機能は，肌の悩みを隠してくれるもの(主にカバー力・崩れにくさ)である．容器については，衛生的に最後まで使えることが重要であった．**図表6.1**に回答の要約を示す.

### (2) 評価グリッド法

評価グリッドでは実際に市場にある商品6サンプルの一対比較を行いながら商品の評価構造図を作成した．使用した商品は高級品や中・低価格帯の商品と自社商品を選んで用いた．評価構造図を**図表6.2**に示す．図中の丸く囲んである部分が出現回数が多いものである．例えば，価格の部分を見ると経済的という中位概念を具体化した内容が「値段と容量が妥当」,「自分の許容範囲の価格であること」となる．さらに，経済的なものを購入する目的は「他の化粧品も買いたい」,「化粧以外にお金をかけたい」,「できるだけ節約したい」というニーズから来ることがわかる．このような心理から,「経済的」と「自分の許容範囲の価格」は多くの回答者から支持された内容となる.

## 6.3 アンケート調査とポジショニング分析

### (1) アンケート調査の概要

今回のアンケート調査では2つの調査を行った．1つ目は会場調査で千葉県・ちばコープ(当時，現コープみらい)にて生協組合員60名に実施し，2つ目はインターネットを用いて全国の生協組合員346名に回答してもらった.

アンケート調査を集計した結果，以下のようなことがわかった.

- どの年代も価格の手頃さを重視している.
- 使用経験やブランドなど，ある程度自分が知っていて信用できるものを購入する傾向が見られる.
- 現状使っているファンデーションに特に大きな不満はないという回答が多かったが，多く挙がった不満は「崩れやすい」や「カバー力がない」であった.
- 期待することは不満点の改善と紫外線防止機能の強化である.

### (2) 商品容器についての分析

商品容器を 4 サンプル用意してそれらの評価を行った結果についてまとめる. 商品容器は「ジャータイプ(ガラス)」,「ジャータイプ(プラスチック)」,「チューブタイプ」,「ポンプタイプ」のタイプの大きく異なるサンプルを用意した. 評価のスネークプロットは**図表 6.3** のようになる. その結果チューブとポンプタイプが高評価であった. 現状のジャータイプを，最後まで中身が使えるような容器にする必要があるのではないかという仮説を得た.

次にポジショニング分析を行う. 因子分析を行った結果，3 因子を抽出して，因子 1 は「見た目の良さ」，因子 2 は「きれいに使える」，因子 3 は「使い切れる」となり，各因子の影響度は 2：5：3 となった. **図表 6.4**，**図表 6.5** にポジショニングマップを示す.

その結果因子 1・2 のマップ(**図表 6.4**)では理想ベクトルの位置にポンプタイプがあるが，因子 2・3 のマップ(**図表 6.5**)ではきれいに使えるという評価が低く理想ベクトルから遠ざかってしまっている.



### (3) 商品自体に関する分析

次に商品自体に関する分析を行った. 商品自体の評価については 6 つのメーカーの商品をいくつか抜き出して行った. **図表 6.6** にスネークプロットの結果を示す(見やすいようにメーカー別にまとめている).

この結果，RB クリーム(サンプル B)は最後まで中身が使えるという評価が高い以外は評価が低いという結果になってしまった. それに対してサンプル C，サンプル F については全般的に評価が高いという結果になった. また，自社

図表 6.1　ファンデーションの事

現状

ファンデーション購入理由

＊友人の**お勧め，口コミ**
＊商品の**キャッチコピー**
＊**美容部員から**
＊**乾燥肌**なのでクリームタイプ
＊カバー力があるもの
＊夏は**脂性肌**なので，リキッドを使用
＊**敏感肌**なので，なかなか変えられない
＊無香料のもの
＊手軽なのでパウダー（マットな質感が良い）
＊サンプルやプレゼントがもらえるところで買う

肌悩み

＊シミ，シワが気になる
＊くすみ
＊たるみ
＊敏感肌

色選び

＜店頭＞
＊テスターを試す
＊美容部員に相談
＜通販＞
＊カタログの言葉で判断
＊色見本を首に当てる
＊明るい色と暗い色を買う

価格

＊一回買えば長く使うので，あまり気にしない
＊品質と量が見合っていればよい
＊子供にお金がかかるから，安いものがよい
＊生協の化粧品は安い
＊ドラックストアは値引きがあるので利用する

ファンデーション使用方法

＜クリームタイプ＞
＊**手で直接のばす**（IKKO さんが言っていたから）
＊**スパチュラは使わない**
＜リキッドタイプ＞
＊手で塗り，仕上げにスポンジを使う

容器

＊ガラス⇒高級感，デザインがかわいい
＊チューブ⇒使いやすい，中身にお金をかけていそう

不満

色選び

＜通販で購入する場合＞
＊チラシの色玉を見ても，判
＊チラシの色に関する案内（
ない
＊全色のサンプルがあって，

ファンデーションの機能

＊ファンデーションだけでは
＊汗ですぐ落ちちゃう
＊自分の肌に合うものがなか
＊クリームやリキッドだと，

容器・使い勝手

＜ジャータイプ＞
＊**衛生面が気になる（指を直**
＊スパチュラはふき取るのが
＊下の方は取りにくい
＊中蓋は必要ない
＊開け閉めするのが面倒くさ
悪くなりそう）
＜チューブ・ポンプタイプ＞
＊**最後まで使い切れない**
＜ガラス素材＞
＊**重くて持ち運びに不便**
＊子供が触って，割ってしま
＊洗面台を傷つけそう
＊捨てるとき環境に悪そう

コープ化粧品に対して

＊コープ化粧品に期待ができ
＊おしゃれな感じがしない，
＊チラシ（商品）がたくさんあ
ない
＊食品と化粧品を一緒に買い
＊色味のある商品は，品質が

例・グループインタビューの結果

断できない
言葉）だけでは，わから

試せればよい

**カバー力が足りない**

なかない
**化粧直しができない**

**接入れるのはいや）**
面倒くさい / 無くしそう

い（空気に触れて品質が

いそう

ない
庶民的
って，購買意欲に繋がら

たくない
不安

要望

色選び

<通販で購入する場合>
＊誰もがイメージの湧く言葉で説明
＊誰でもわかる肌色選びの判断基準を書いてほしい
＊できれば，全色試したい

容器

＊壊れにくく，**持ち運びの便利**なもの
＊チューブタイプ⇒立つタイプ，ポーチに入る
＊ポンプ式⇒**手が汚れない**，場所を取らない収納しやすい形
＊ガラスタイプ⇒ふちが広いもの，底が取りやすいもの
＊スパチュラをつけるなら，置く場所が欲しい
（箱は捨ててしまうので，蓋の中がよい）

ファンデーションに求める機能

＊**崩れにくさ**
＊保湿機能（セラミドに注目している）
＊**カバー力**（ファンデ 1 本ですべてカバーできるもの）
＊低刺激なもの，美容成分配合
＊**色むらを押さえる**
＊**たるみカバー**
＊透明感，つや感，自然な仕上がり
＊低コストでキレイになりたい
＊オールインワン（BB クリームのように多機能）

価格

＊品質と価格が見合ってほしい
＊価格の割に機能が良いと魅力的

図表 6.2　ファンデーションの

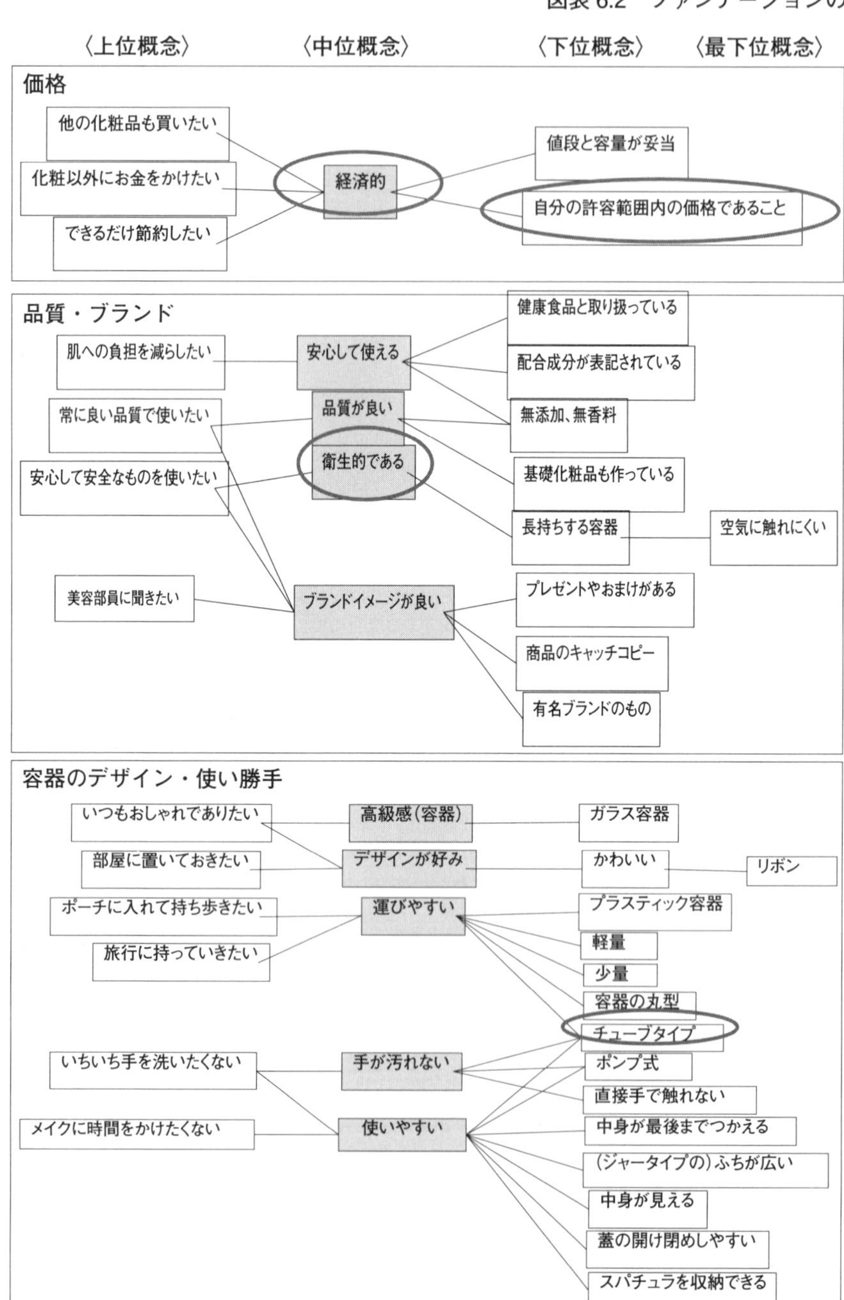

事例・評価グリッド法の結果

〈上位概念〉 〈中位概念〉 〈下位概念〉 〈最下位概念〉

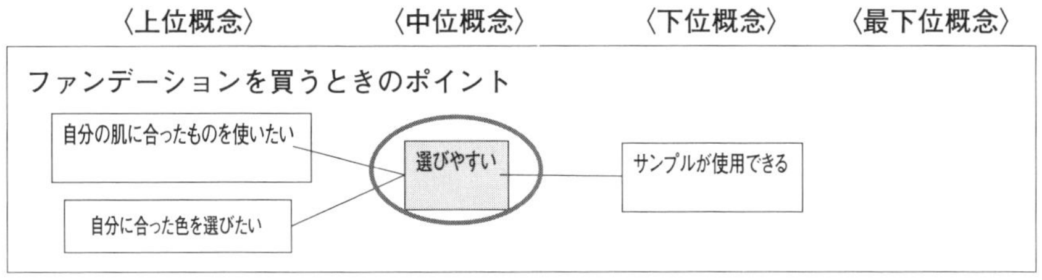


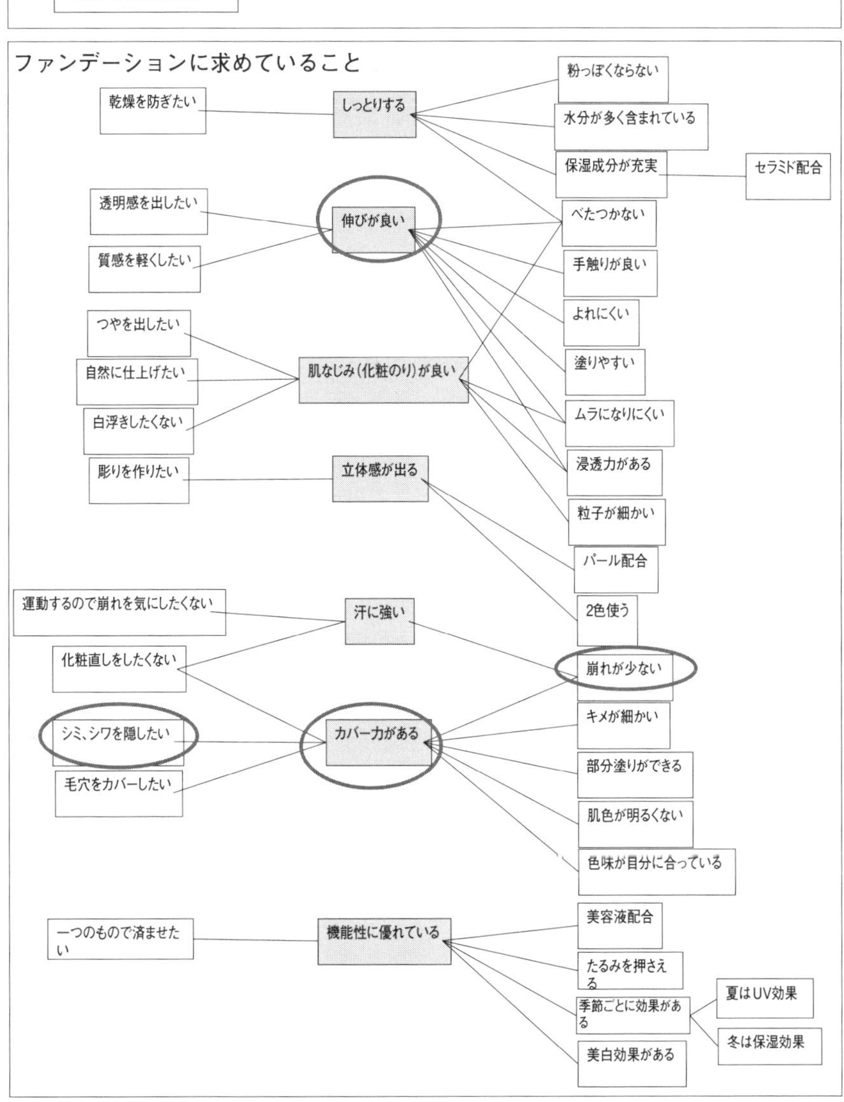

図表 6.3　ファンデーションの事例・容器のスネークプロット

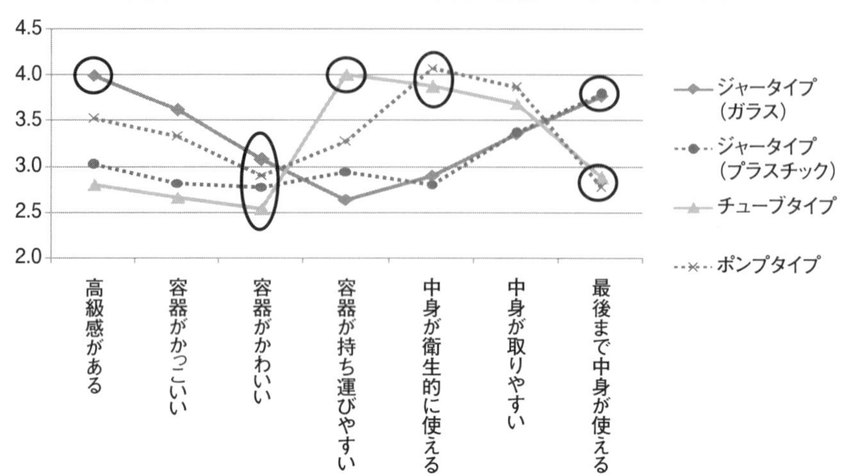

図表 6.4　ファンデーションの事例・容器のポジショニングマップ（因子１・２）

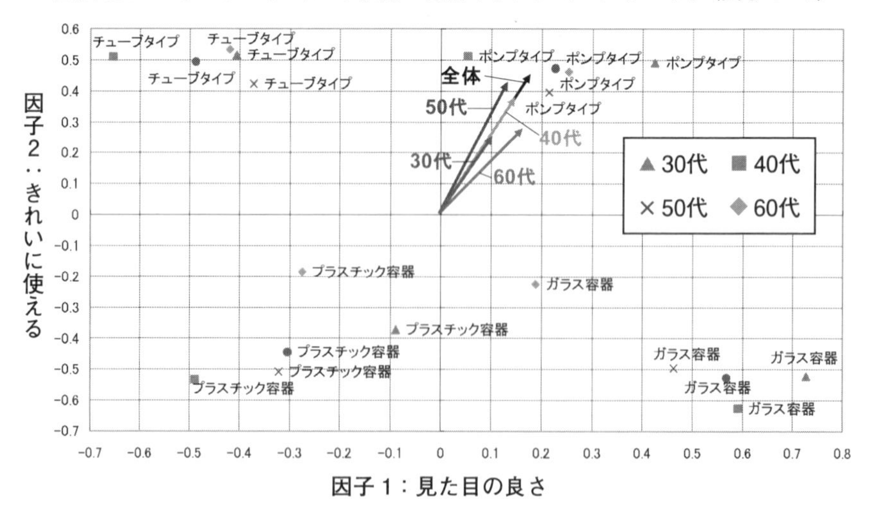

図表 6.5 ファンデーションの事例・容器のポジショニングマップ(因子 2・3)

図表 6.6 ファンデーションの事例・商品のスネークプロット

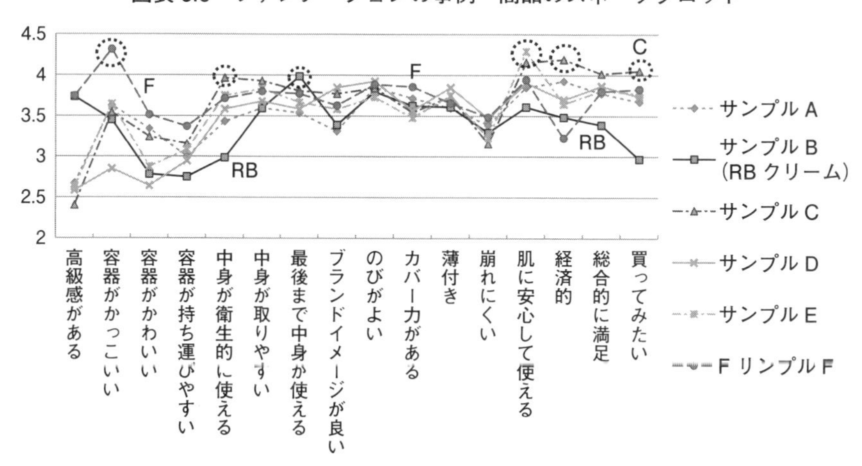

商品は肌に安心して使えるという点を大切にしていたが，他の商品と比べると評価が低い．さらに年代別で自社商品のユーザーのみを抽出して分析すると年代別で評価にばらつきが見られた．

次にポジショニング分析を行ったが，因子分析では３因子を抽出し，因子１は「崩れにくさ」，因子２は「容器の扱いやすさ」，因子３は「容器の見た目，デザイン性」という結果になった．**図表 6.7** にポジショニングマップを示す．因子１(崩れにくさ)が極めて重要であることがわかった．

自社商品は因子１，２の評価が低いため理想ベクトル方向には現れなかった．また，自社商品の使用者・未使用者で理想ベクトルの方向は大きく異なり，未使用者は因子２(容器の扱いやすさ)を強く求めていた．自社商品について CS ポートフォリオを作成すると「カバー力」，「崩れにくさ」というファンデーションの性能面への不満が要緊急改善項目となった．

**図表 6.7 ファンデーションの事例・商品の評価によるポジショニングマップ（因子１・２）**

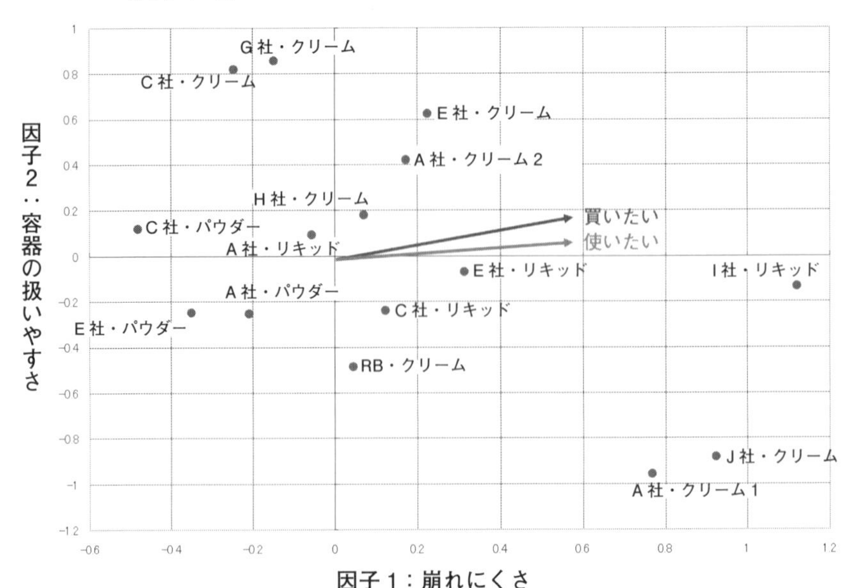

# 6.4　アイデア発想法

アイデア発想は企画メンバーでブレインライティングを行った．**図表6.8**に例を示す．ブレインライティング後にそれらの結果をもとにメンバーで商品アイデアを膨らませて具体的なものにしていった．

# 6.5　コンジョイント分析

コンジョイント分析のアンケート調査は3つのことを確認するために行われた．2つは容器（ポンプ式とチューブ式）のコンセプト決定，3つ目はファンデーション自体のコンセプト（付加機能）決定である．有効回答数は372名で全国の30～60代の生協組合員から回収した．以下にコンジョイント分析の結果を示す．



**図表6.8　ファンデーションの事例・ブレインライティングの結果（一部）**

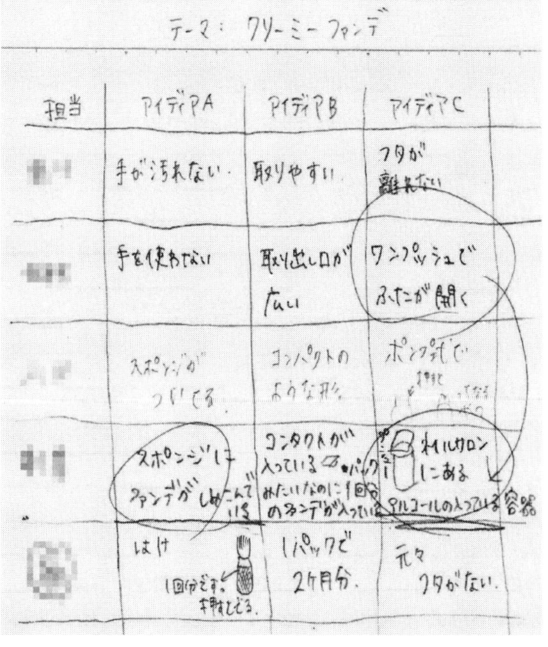

### (1)　ポンプタイプ容器の分析結果

ポンプタイプの分析結果は**図表6.9**のようになった．中身が見える容器についての評価が高いということがわかった．また，年代別で分析を行うと容器の質感についてのみ30代および50代は「光沢感」をやや評価しており，40代および60代は2つの水準の差はあまりないという結果が得られた．最適水準を用いた場合の評価点は3.86となった．

### (2)　チューブタイプ容器の分析結果

チューブタイプの分析結果を示す(**図表6.10**)．(1)**項**と同様に年代別で分析を行うと質感については，50代および60代は「マット」，40代は「光沢感」の評価が高い．30代もやや「光沢感」を評価しているが，40代ほどではないという結果になった．継ぎ目(チューブ上部の細かな凹凸模様)は，40代および60代が「あり」，30代および50代が「なし」の評価がそれぞれ高い．最適水準での評価点は3.66となった．

ジャー，ポンプ，チューブの3タイプの中で「最も使いたい容器」はどの年代でもチューブタイプであったため，容器をチューブタイプに決定した．

### (3)　ファンデーションへの付加機能の分析結果

最後にファンデーションへの付加機能の分析であるが，化粧下地効果，紫外線防止効果，5色展開，夜までムラにならないという効果が高評価であった

**図表6.9　ファンデーションの事例・ポンプタイプ容器のコンジョイント分析の結果**

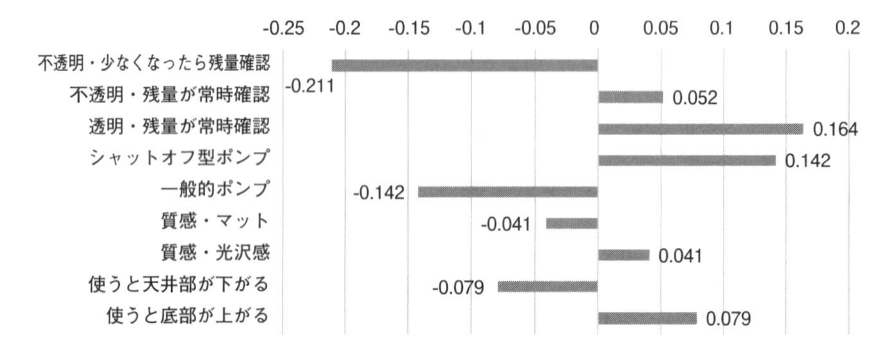

図表 6.10 ファンデーションの事例・チューブタイプ容器のコンジョイント分析の結果

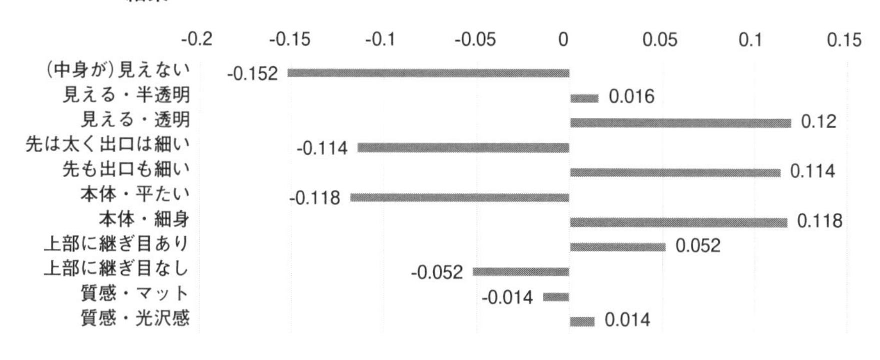


(**図表 6.11**). 図表には載せていないが，年代別で見ると紫外線防止効果では50 代が，スポンジの有無については 30 代および 40 代にニーズがあることがわかった．年代別での差異で大きく異なるのが仕上がり感についてである．30 代はやや「ハーフマット」，40 代は「マット」が低く，50 代はどの水準も平均的，60 代は「マット」が高いと，年代によって傾向がばらばらである．最適水準での評価点は 4.00 点となった．

# 6.6 商 品 化

本事例の商品は既存の商品からのリニューアルであったため，以下がリニューアルポイントとなった．

① 紫外線防止効果アップ

従来品 SPF15，PA++ から SPF20，PA++ へ．

② 自然な仕上がりで化粧崩れしにくい．

化粧崩れ防止パウダーを増量し，つけたての仕上がりが長持ち．従来品の良さであった「のびの良さ」はそのままに，シミ・ソバカスや毛穴を自然にカバーできる．

③ 持ち運びが便利なチューブ容器に変更

チューブなので軽くて携帯にも便利である．チューブの先端を細くすることで，1 回の使用量が調整しやすくなり衛生的に使える．

**図表 6.11　ファンデーションの事例・付加機能のコンジョイント分析の結果**

|  |  |
|---|---|
| 仕上がり感・つや感 | -0.005 |
| 仕上がり感・ハーフマット | 0.006 |
| 仕上がり感・マット | -0.006 |
| 有料サンプル・1色ミニチューブ | -0.005 |
| 有料サンプル・全色使い切り | 0.005 |
| 色展開・3色 | -0.061 |
| 色展開・5色 | 0.061 |
| スポンジつき | 0.032 |
| スポンジなし | -0.032 |
| 容量・15g | -0.027 |
| 容量・30g | 0.027 |
| 化粧下地効果・あり | 0.111 |
| 化粧下地効果・なし | -0.111 |
| 紫外線防止・SPF25，PA＋＋ | 0.060 |
| 紫外線防止・SPF15，PA＋＋ | -0.060 |
| 毛穴カバー・光乱反射効果で目立たない | 0.018 |
| 毛穴カバー・凹凸を埋め込んで隠す | -0.018 |
| 濃いシミ・ソバカスが隠れる | 0.028 |
| 薄いシミ・ソバカスが目立たない | -0.028 |
| くすみカバー・光の効果 | 0.023 |
| くすみカバー・色の効果 | -0.023 |
| 夕方まで化粧直しをしなくてもムラになっていない | 0.051 |
| 昼に化粧直しをしたら朝と同じ状態 | -0.051 |



さらにターゲットは乾燥肌タイプの 40～50 代前後を想定した．5 色展開で価格を 2,500 円とした(**図表 6.12**)．この結果，売上，供給数量は約 1.2 倍となりリニューアルは成功したと言っても過言ではない．ただし，本商品は現在供給を終了している．

図表 6.12　従来品とリニューアル後の新商品

〈従来品〉ジャータイプ（ガラス）

〈新商品〉チューブタイプ

# 第7章

# 働く女性のための楽しく・おいしい間食（残業食）の提案

## 2013年度ドリームプランナー事例より

**ここがポイント！**

ドリームプランナーは筆者らが主宰する，女性企画者の研究会である．P7を学びつつ，グループ活動で通常の企業と同等（以上！）の商品企画を実施している．本事例は女性のセンスとNeo P7手法の堅固な体系から，女性会社員向けの「残業食」の提案に成功した好事例である．



## 7.1 はじめに

本事例は2013年度にドリームプランナー（女性商品企画者と企画者を志す女性のための研究会）で筆者らの指導のもとで企画した事例である．P7からNeo P7に移行する過渡期の事例のためにすべての手法を使い切っていないが，本事例ではいくつかの見どころがある．1つ目は夜食を想定して研究が進んで行ったものの，途中で働く女性が夜食を食べずに残業中に食事（間食）をしたいというニーズを発見し，残業食に移行した点，2つ目はアンケート調査の分析の時点で仮説を好意的に捉えている層をクラスター分析を用いて発見し，そこにフォーカスを当てて分析を行っている点，3つ目はコンジョイント分析の属性・水準作成の際にアンケート調査で発見した仮説のウィークポイントを補正するアイデアの追加が行われている点である．

# 7.2 インタビュー調査

本事例では20〜50代の子供のいない女性会社員６名に夜食と残業食についてグループインタビューを実施した．主な質問項目はライフスタイルについて，夜食のイメージと実態について，残業と残業食の実態について，残業食の理想と現実についてである．その結果は以下のとおりであった．

① 夜食を食べない人は６名中４名で，残業食を食べる人は６名中５名と夜食に対してのニーズは少なく，残業食にニーズがあることがわかった．

② 残業食を８系統に分けてそれらに対しての実態と理想についてインタビューを行った結果，食べているものは手軽なものが中心で，残業中に買いに行くことは少ないことがわかった．

③ 残業食を食べる理由はストレス解消，お腹が空いて我慢できず，空腹すぎると仕事がはかどらないためなどであった．

④ 残業食に希望するものは甘い物で低カロリー，ストックできるものなどであった．逆に嫌われるものは匂いがするもの，音が出るもの，中高

図表 7.1　残業食の事例・仮説一覧

| 仮説 | イメージ | バリエーション | 特徴 | 機能 | | | | | | |
|---|---|---|---|---|---|---|---|---|---|---|
| | | | | 匂い | 手汚れ | 小腹 | 手軽 | 見た目 | 健康 | 保存 |
| 蓋・ストロー付きカップ入りスープタイプ | | ・野菜スープ<br>・味噌汁<br>・お茶漬 | レンジ対応カップ入りで，温冷可． | ○ | ○ | ○ | ○ | △ | ○ | ○ |
| ヘルシーコールドタイプ | | ・スムージー | 冷凍保存可．<br>小さくたたんで捨てられるパウチパック． | ○ | ○ | ○ | ○ | ○ | ○ | ○ |
| お手軽個包装ひと口タイプ | | ・もちもちパン<br>・団子<br>・手まり寿司<br>・こんにゃくゼリー<br>・かまぼこ | ポーション容器やピロー袋で小分け． | ○ | ○ | ○ | ○ | ○ | × | ○ |
| バランス缶詰定食タイプ | | ・和食<br>・洋食 | 手のひらサイズの小さめ缶詰．<br>栄養バランス良． | △ | ○ | ○ | △ | △ | ○ | ○ |

年男性っぽいものであった.

これらの結果から企画チームは理想の残業食として，4 つのタイプの仮説を立てた(**図表 7.1**).

# 7.3 アンケート調査

アンケート調査では残業食の理想と現実を知るために残業の実態，残業食の実態，先に挙げた仮説に対する評価を中心に行った．対象は全国の政令指定都市に在住する 20〜40 代の女性会社員 300 名とした.

### (1)　単純集計

残業の実態については次のようなことがわかった(**図表 7.2**).

- 残業はほぼ毎日または週 3 日以上で，1 日 1〜2 時間は残業をしている.
- 残業食についてはお菓子が中心であり，一番食べているものはチョコレートであった．パンなどの軽食もあるが，しっかり食べている人は少ない.

### (2)　スネークプロット

**図表 7.3** に主な食品についてのスネークプロットを示す．総合評価「食べたい」の項目の数値はパン，団子，野菜スープの順に高かった.

また，残業時間や頻度別に層別して分析した結果，残業時間が長く，残業頻度が多い人ほどスープなどのお腹にたまるものを好み，残業時間が短く，残業頻度が少ない人ほど，ひと口系のものを好むことがわかった.

さらに評価データでクラスター分析を行って，4 クラスターに分け，クラスターごとのスネークプロットを作成すると，クラスター B が全体に評価が高いことがわかった(**図表 7.4**).

クラスターB について特徴を調べてみると，さまざまな種類の食品を残業中に食べており，食べることが大好きな層であることがわかった(**図表 7.5**).

図表 7.2　残業食の事例・アンケート調査結果（残業食の頻度）

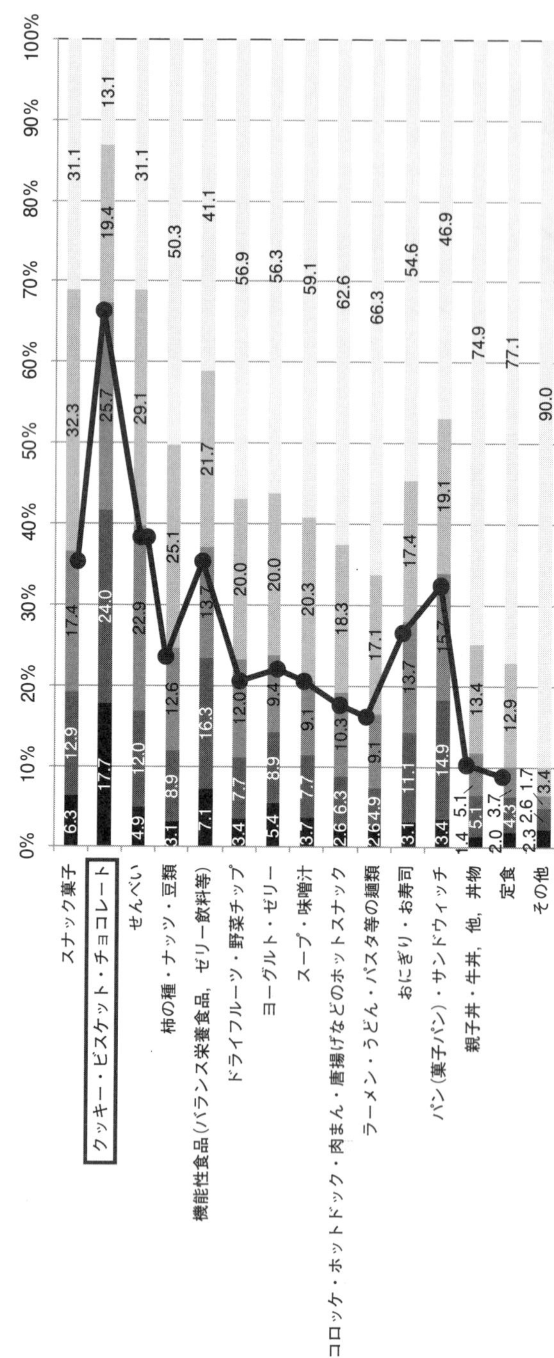

図表 7.3　残業食の事例・スネークプロット

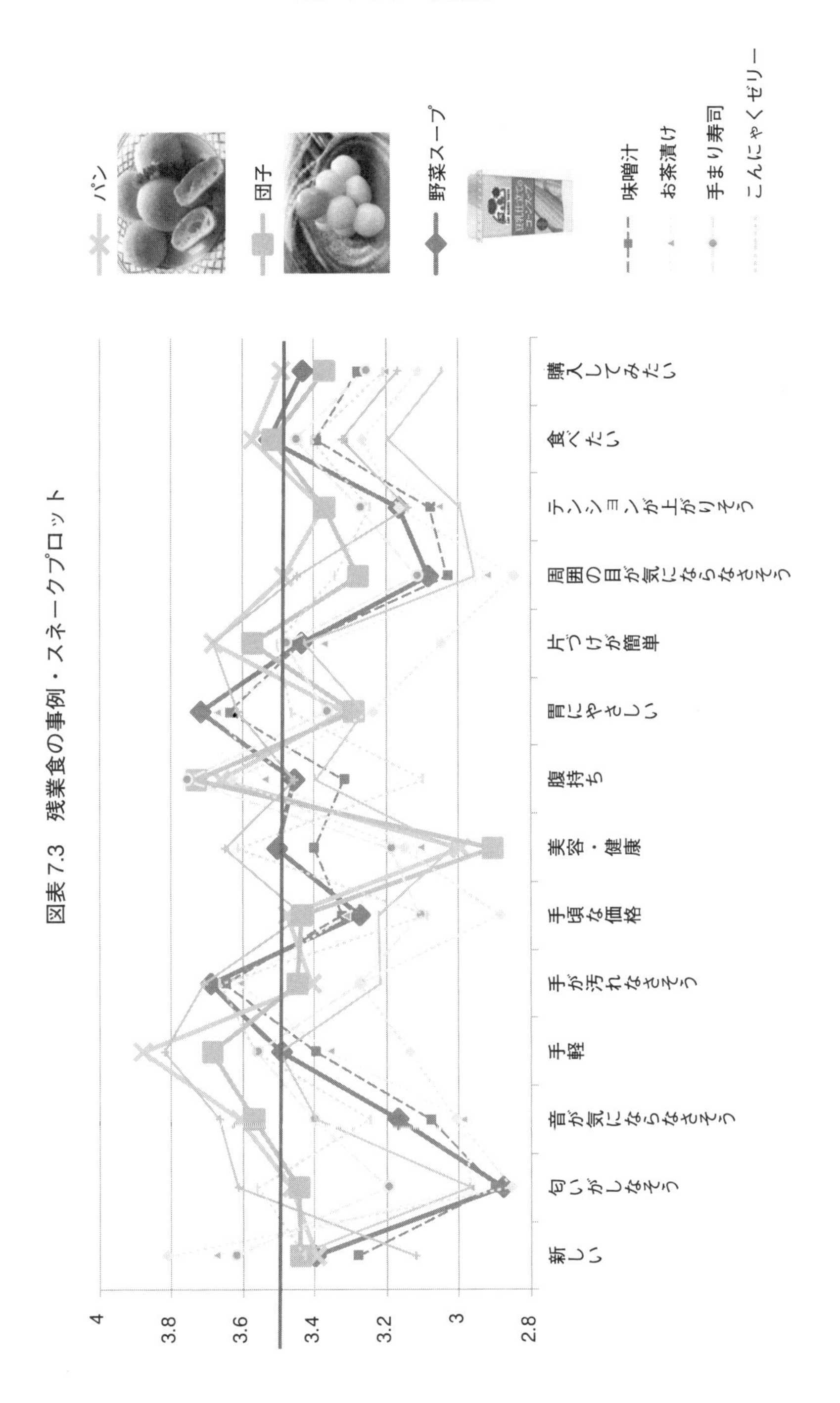

図表 7.4　残業食の事例・回答者のクラスター分類

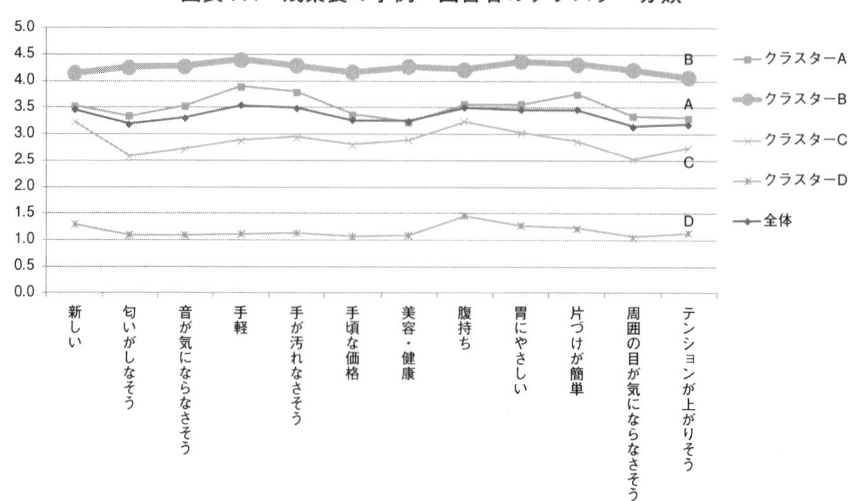


図表 7.5　残業食の事例・クラスター B の残業食の類別

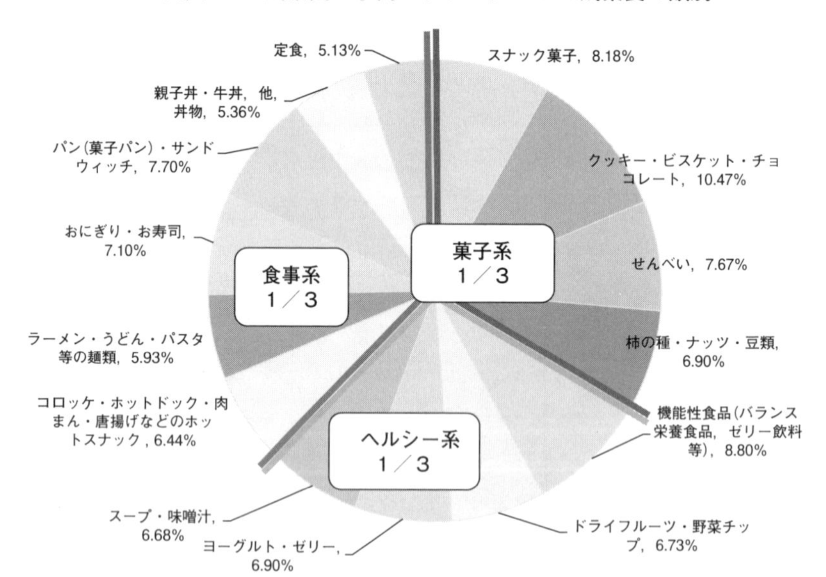

### (3)　ポジショニング分析

アンケート調査の評価データで因子分析を行った結果，全体での分析とクラスターBのみの因子の構造が異なっていた(**図表 7.6**)．全体では美容・健康・ヘルシーさを求めているが，クラスターBは腹持ち・目新しさを求める傾向があった．

**図表 7.7** のようにポジショニングマップを作成すると理想ベクトルについては全体と各クラスターの分析結果がクラスターD以外はほぼ同じとなった(点の位置は大幅に異なる)．つまり，理想とする方向は類似している．

クラスターBのみで因子分析を行い，ポジショニングマップを作成した場合は，お茶漬け，お団子，野菜スープが理想ベクトル付近に出現している(**図表 7.8**)．

**図表 7.3** のスネークプロットからも，平均値はお団子＞お茶漬け＞野菜スープの順のため，この3仮説が有力である．

さらにこの3仮説で**図表 7.9** のようにCSポートフォリオを作成すると「手軽」感で「ひと口系」,「スープ系」が評価が高かった．お茶漬け，野菜スープはそもそも「匂い」がしてしまうため改善のしようがないが「音」,「匂い」,以外の理由で周囲が気になるのは「食べる行為」そのものではないかと考えた．お茶漬けは野菜スープと違って「音が気になる」が改善点となっている．全般的に「テンションアップ効果」が相対的には低い評価になるため，さらなる改善が必要であることがわかった．

# 7.4　コンジョイント分析

ポジショニング分析で理想ベクトル方向に来た仮説とそれらの問題点のブラッシュアップを行い，スープ系・ひと口系の2系統の商品の属性と水準を設定した(**図表 7.10**)．

これらをそれぞれ $L_{16}$ 直交表に割り付けて16通りの組合せを作成し，アンケート調査を実施した．回答者は前回のアンケート調査でクラスターBに該当した方に，首都圏の25〜40歳の女性を追加し，計232名とした．

図表 7.6　残業食の事例・因子分析の因子負荷量(全体，クラスター B のみ)

| | 全体 因子1 | 全体 因子2 | 全体 因子3 | クラスターB 因子1 | クラスターB 因子2 | クラスターB 因子3 |
|---|---|---|---|---|---|---|
| X01. 新しい感じがする | 0.446 | 0.311 | 0.224 | 0.181 | **0.539** | 0.071 |
| X02. 匂いがしなそう | 0.312 | **0.713** | 0.222 | 0.180 | 0.197 | 0.231 |
| X03. 食べる時に音が気にならなさそう | 0.285 | **0.668** | 0.423 | **0.571** | 0.243 | 0.140 |
| X04. 手軽に食べられそう | 0.303 | 0.481 | **0.683** | **0.642** | 0.192 | 0.069 |
| X05. 手が汚れなさそう | 0.492 | 0.262 | **0.558** | **0.600** | 0.142 | 0.143 |
| X06. 手頃な価格で買えそう | 0.488 | 0.433 | 0.344 | 0.442 | 0.291 | 0.240 |
| X07. 美容.健康に良さそう | **0.688** | 0.286 | 0.189 | 0.193 | 0.130 | 0.153 |
| X08. 腹持ちが良さそう | **0.560** | 0.246 | 0.272 | 0.213 | **0.703** | 0.038 |
| X09. 胃にやさしく，もたれなさそう | **0.726** | 0.239 | 0.326 | 0.360 | 0.327 | 0.212 |
| X10. 片づけが簡単そう | 0.449 | 0.385 | **0.531** | 0.497 | 0.180 | 0.280 |
| X11. 周囲の目が気にならなさそう | 0.422 | **0.588** | 0.343 | 0.217 | 0.088 | **0.969** |
| X12. テンションが上がりそう，元気が出そう | **0.548** | 0.443 | 0.234 | 0.214 | **0.531** | 0.291 |

■全体

| | |
|---|---|
| 因子１ | 美容・健康・ヘルシー |
| 因子２ | 周囲の目が気にならない |
| 因子３ | 手軽 |

因子１：因子２：因子３＝６：４：３

■クラスターB

| | |
|---|---|
| 因子１ | 手軽 |
| 因子２ | 腹持ちと目新しさ |
| 因子３ | 周囲の目が気にならない |

因子１：因子２：因子３＝２：４：１

**図表 7.7　残業食の事例・ポジショニングマップ（全体での分析結果）**

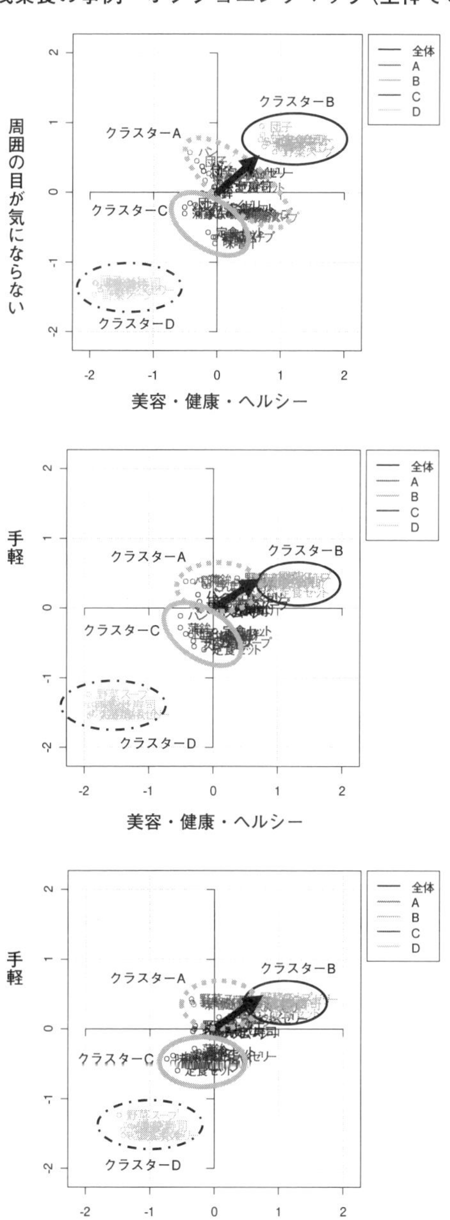


注）理想ベクトルはクラスターBのみについて，太線で示してある．

**図表 7.8　残業食の事例・ポジショニングマップ（クラスター B のみでの分析結果）**

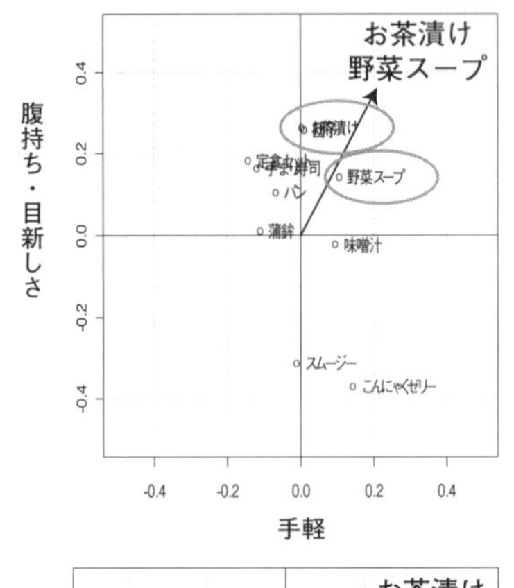


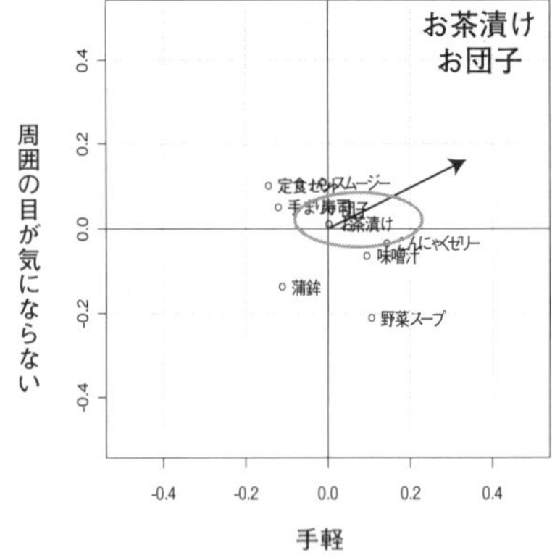


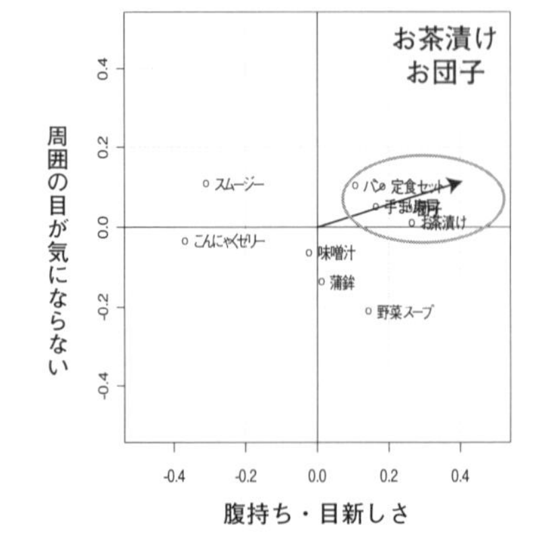


**図表 7.9　残業食の事例・3 仮説の CS ポートフォリオ**

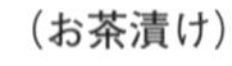


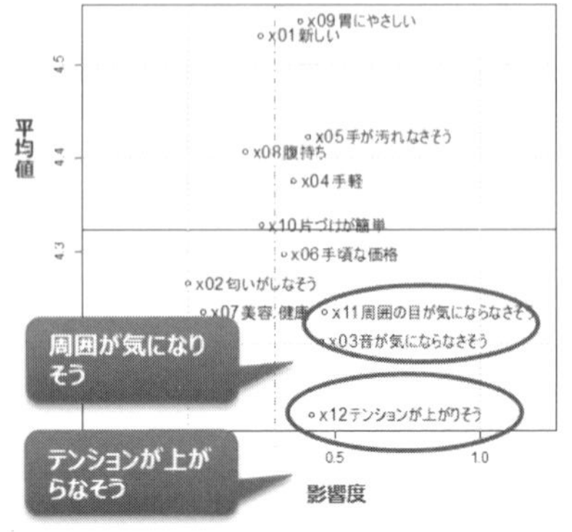


（野菜スープ）

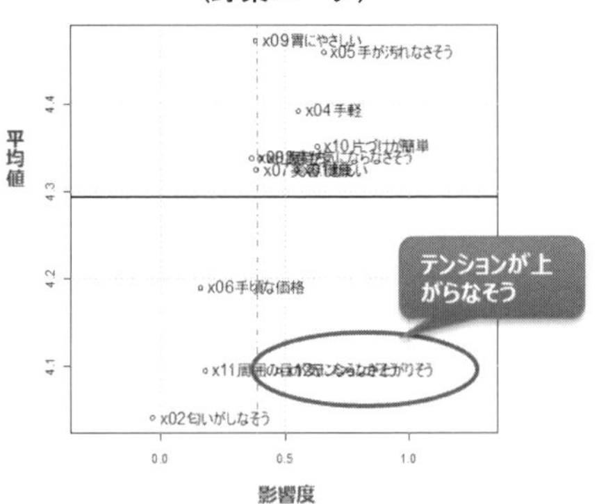


（お団子）

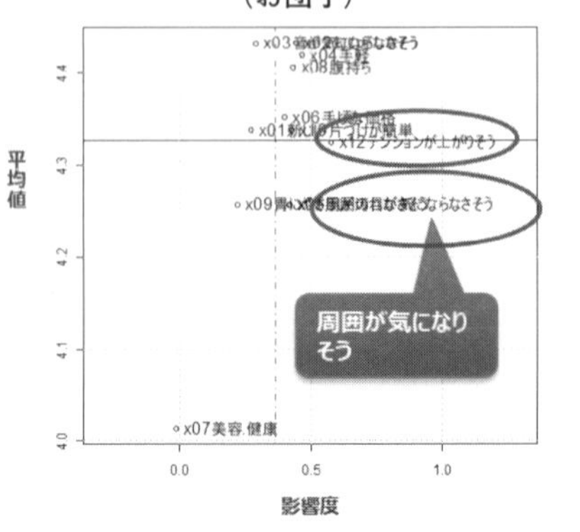

図表 7.10　残業食の事例・コンジョイント分析の属性と水準の構想

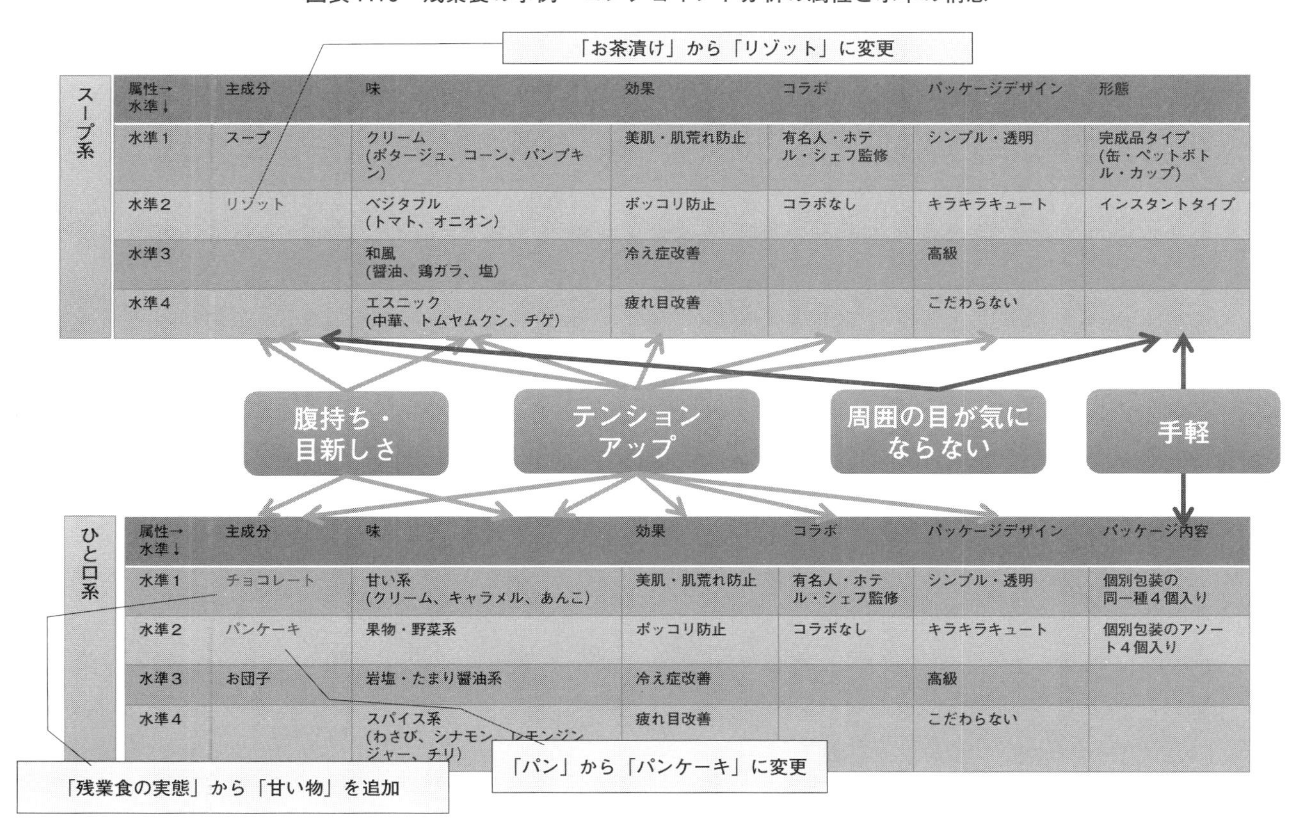


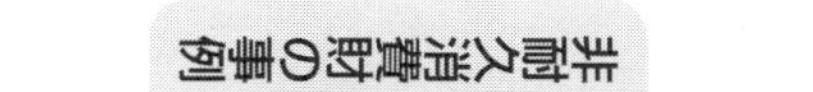

### (1)　スープ系の結果

すべての組合せの評価平均値は4.20でかなり高く，**図表7.11**で囲まれている最適水準を採用すると4.34となった．また，味が比較的重要な要素であり，クリーム系が最良ということがわかった(**図表7.11**).

### (2)　ひと口系の結果

すべての組合せの評価平均値は3.92で割合高く，**図表7.12**で囲まれている最適水準を採用すると4.18となった．また「味」が極めて重要で，甘い味が最良という結果になった.

## 7.5 最終提案

以上の結果を踏まえて，2種類の残業食の提案がなされた.

① 有名スープソムリエ監修のクリームスープ

- ストロー付きで仕事場でも匂わず，電子レンジ対応容器で温めて飲める.
- ほうれん草チーズクリームスープ：ビタミンとミネラルがお肌の免疫力を高めて肌荒れを防ぐ.
- 具だくさんトマトクリームスープ：ビタミンとリコピンが肌細胞の酸化を防いで透明肌をキープ.

② 有名パティシエ監修のひと口サイズのパンケーキ.

- 個包装，ひと口サイズで，いつでも・どこでもおいしく食べられる.
- コラーゲンでプルプル肌効果がある.

図表 7.11　残業食の事例・スープ系のコンジョイント分析結果

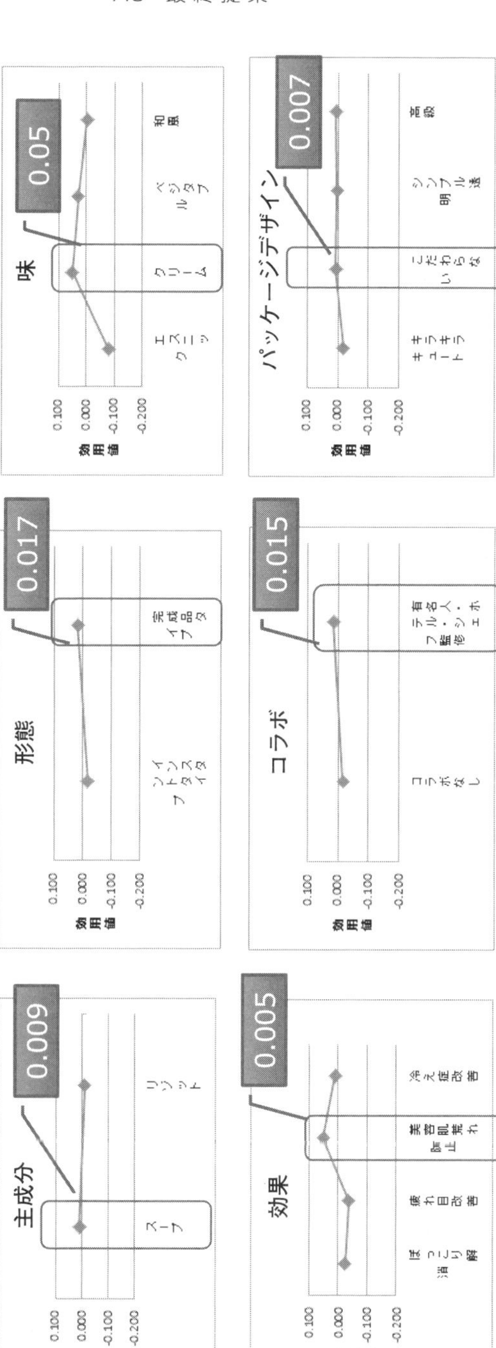

図表 7.12　残業食の事例・ひとくち系のコンジョイント分析結果

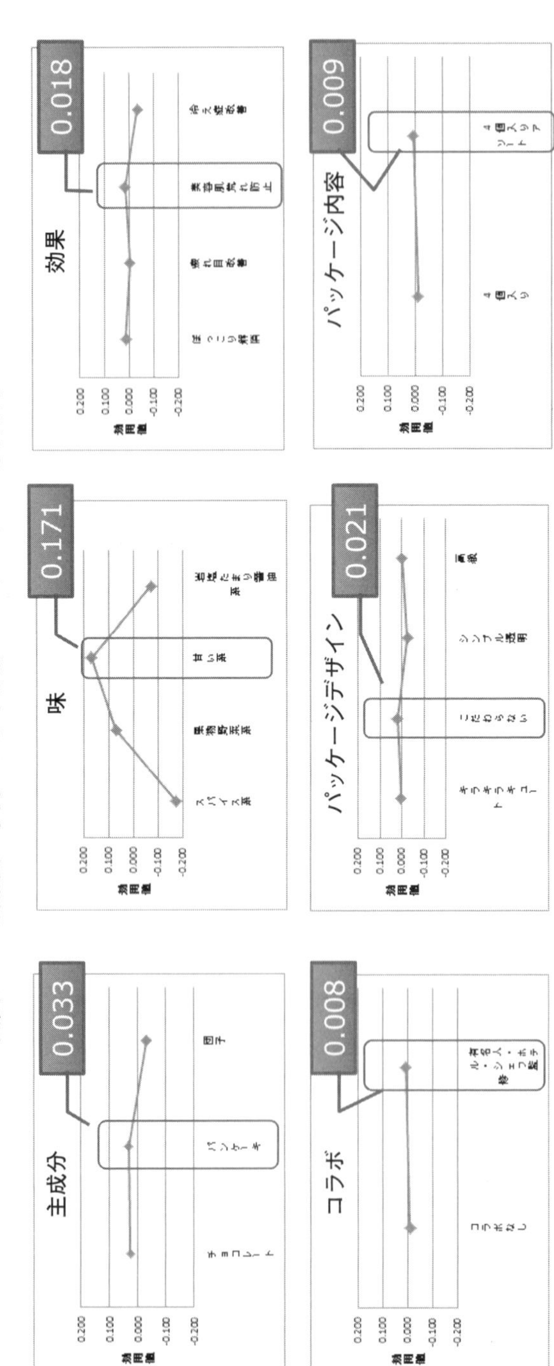

# 第8章

# 家電購入を促すための仕掛けづくり

## 購入後まで視野に入れた総合サービス企画

**ここがポイント！**

家電メーカーと学会研究会との産学協同研究である．家電販売を促進するために，メーカー自身がサービスの企画開発に成功した事例である．顧客は家電メーカーに何を望むか？　という根本的な視点からNeo P7手法を活用し，「なるほど」というサービスを多数創出し，実現させた．

## 8.1 はじめに

本事例は日本品質管理学会の「サービス産業における顧客価値創造研究会」において家電メーカーA社と産学協同研究を実施し，2015年5月の同学会研究発表会で発表した事例である．

家電業界を取り巻く環境の厳しさから，積極的にサービス強化を図る必要性があり，A社の要望に応えて，大量の新サービス仮説を発掘できるNeo P7を用いて企画開発を行った．

## 8.2 仮説発掘アンケート

ひと口に家電業界のサービスと言ってもさまざまなものが想定される．そのため複数の目的による仮説発掘アンケートを行い，得られた仮説の実現可能性などについて丁寧に検証した．**図表8.1**に仮説発掘アンケートの例とその意図を載せる．

アンケートを研究会メンバーとその関係者に対して実施し，89名分を回収した．その結果は以下のとおりであった．

① 普段行っているエコ活動

大きなエコ活動は行っておらず，大体は身近にできる内容の回答が多かった．具体例としてはリサイクル，リデュース，環境保全，節水，節電などである．

② なぜエコ活動を行うのか

大部分は自分のために行っていることが多く，さまざまなコストやリスクを削減することが目的であった．

具体例は費用削減，環境保全，震災でエネルギーについて考えさせられたためということであった．

③ エコ活動で面倒なこと

エコ活動のためにわざわざ何かしないといけないことが面倒という回答が大半であった．

④ 家電メーカーに行ってほしいエコ活動(具体例)

- 家電製品の回収→下取り，ポイント制をつくること．
- 使用電力の表示→どのくらいのエコになるか，金額を表記する．
  - ➢売電も金額が見えると意欲が出る．携帯電話への表示，音声での通知．
- 簡単に節電できるもの→③の「面倒なこと」を解決できるようなもの．自動スイッチOFF，人感センサーでのON／OFF，ソフトの自動アップデートなど
- 待機電力の少ないもの
- 節電へのアドバイス
- クリーンエネルギーの提供→ソーラーパネルなどを使いやすくする．

⑤ 家電量販店に行ってほしいエコ活動(具体例)

- エコな暮らしの提案→実例，デモンストレーション
  - ➢家庭に赴いて電力消費を分析し，それにもとづいて各家庭に合った

図表 8.1　家電サービスの事例・仮説発掘アンケート（例）

B：最近エコってよく言うけど，何か家の中でエコな活動してる？
A：そうだねぇ
家の中では（　LED 電球への変更　）や（　こまめに電気を消している　）はしてるかな．
**あなたが行っている家の中で行うエコな活動を教えてください．**
B：なるほど．どうしてそれをしようと思ったの？
A：（　計画停電になると散々騒がれたから　）だからかなぁ．
**なぜ，上記のエコな活動を行おうと思ったかをお書きください．**
B：なるほどね．でも，そもそもどうしてエコが必要なんだろうね．
私は面倒臭いからあんまりやりたくないな．
A：普段（　こまめに電源を切る　）けど（　全部手動な　）ところが面倒くさいんだよね．
**あなたが普段行っている家の中でのエコ活動をお書きください．家の中で行うエコ活動で面倒なことをお書きください．**
B：そうだよね．たとえば太陽光発電で自然にエコなことやってるとか，自然にエコなことをやってる感じがするといいんだけどね．
A：そうだね．自然にとはいかなくても，たとえばなかなか難しいかもしれないけど，電気会社が使用量から節電アドバイスをしてくれるとか，
家電メーカーが
（　予め設定した電気代になると勝手に電源を切ったり，警告する商品を出　）
**してほしいエコ活動をお書きください．**
してくれると助かるんだけどね．他にも
家電量販店とか街の電気屋が
（　節電商品を買うと，ポイント倍増や，今使っている電化製品を使用すると今後，どの位電気代が掛るか診断して，新しい生家電生活を提案してくれるとか　）
**してほしいエコ活動をお書きください．**
してくれたり
（　TV 局　）が
エコ活動を代行してくれるところをお書きください
（　深夜放送をやめる（ついつ見ちゃうんだよね～）　）
**してほしいエコ活動をお書きください．**
してくれるといいんだけどね．
B：それならいいかもしれない！

会話形式で進行
さまざまな質問をしながらエコに対して想起してもらい
最終的にエコサービスの仮説を出していく．

**現状行っているエコ活動**
**＋**
**なぜエコ活動をするのか？**
**→今やっていることを**
**思い出してもらう**

**エコ活動への不満**
**どのようなことが障害になるか？**
**→この不満をひっくり返す**
**仮説が出来ないか？**

**仮説を出してもらう部分**
**実施する主体を変えて考えてもらう**
**①　家電メーカー**
**②　量販店，電気屋**
**③　自由**

商品案内をする.

- エコのための無料点検
- 古い家電の下取り制度
- 環境への取組みをアピール

⑥　希望するエコ活動とそれを行ってほしい主体(具体例)

【行政などに行ってほしいこと】

- エコポイントの復活，再生可能エネルギーの促進
- 製品回収とリサイクルの仕組み，エコセミナーなど

【家電メーカーが行なってほしいこと】

- 下取り制度，エコな生活の提案，シミュレーション

【電力会社が行ってほしいこと】

- 低価格のエコ電力を供給してほしい
- 節電アドバイス

【住宅メーカーに行ってほしいこと】

- 節電を意識した家づくり

得られた仮説は263件にも及んだが，研究会メンバーで似たようなものや技術上難しいものなどを削りスクリーニングを行ったところ，**図表8.2**のような仮説21件が得られた.

## 8.3 アンケート調査とポジショニング分析

前節で絞り込みを行ったサービスの仮説21件を検証するために2013年8月にインターネット上でのアンケート調査を行った．同時に，家電を使うシチュエーションや使用した家電サービスなども尋ねた．対象は全国の20代～60代の男女500名(男女半々)である.

仮説の評価は16の項目と総合評価として「このようなサービスを行うメーカーの商品を買いたくなる」と「このサービスを利用したい」で行った．スネークプロット(仮説数が多いため総合評価・利用したいの上位6位までとする)を**図表8.3**に示す.

**図表8.4**に因子分析の因子負荷量を，**図表8.5**に総合評価との重回帰分析の

図表 8.2　家電サービスの事例・アンケート調査での仮説

| 仮説 | 内　容 |
|---|---|
| A | ものづくりの楽しさ，家電の仕組みを知ることができる小型家電(例えば掃除機，空気清浄機…)の組み立て教室 |
| B | 気軽に家電を体験するためにコーヒーなどを飲みながら実際に試すことができる「家電体験カフェ」 |
| C | 実際に家電を体験できるようにモニターとして無料である程度貸し出しが可能な制度 |
| D | 家電をある期間レンタルし，もし気に入れば(レンタル料を割り引いて)そのまま購入できるシステム |
| E | 所有している家電や間取りを(訪問して)チェックし，購入コストやランニングコストを考慮して新商品を提案してくれるサービス |
| F | 下取りなどで回収した家電を修理・部品交換し，新品同様にして割安に販売するサービス |
| G | 家のリフォーム時などに家電を含めた内装全体を提案してくれるなどのアドバイスサービス |
| H | テレビや DVD，PC 周りなどの配線を安全・性能を十分に引き出す形で綺麗にまとめて，設定もしてくれるサービス |
| I | エコ家電などを買うと家電メーカーの独自ポイントが貯まり，そのメーカーのアフターサービス，消耗品交換，次の商品購入などで割引が受けられる制度(無料) |
| J | スマートフォンをネットワークなどで家電につなぐと，スマホ側で家電の状態確認や故障診断をしてくれる．<br>だいたいの修理料金もわかる．そのデータを修理センターに送信すれば対応方法や修理の見積，依頼が可能(無料) |
| K | 調理家電購入後，その家電でつくることができるレシピと安心な食材を配達してくれるサービス<br>注文は電話の他，Web サイト，メールで可能 |
| L | スマートフォン，Web カメラなどで映像をサポートセンターに送り，対話しながら故障や使用方法についてサポートしてもらえるサービス |
| M | 家電製品をネットワークなどにつないでおくと，自動的に機器ソフトのアップデートなどのメンテナンスをしてくれ，安全に問題があれば緊急で知らせたり，故障診断や部品交換時期などをお知らせしてくれるサービス |
| N | 家電製品を購入後に，最新の機能(省エネ機能など)を追加してくれるサービス |

図表 8.2 つ づ き

| 仮説 | 内 容 |
| --- | --- |
| O | 定期的，または依頼に応じ，訪問して，家電製品のクリーニング(例えばエアコン)やコード・配線周りの掃除，製品の安全チェック，消耗品交換，上手な使い方のアドバイスなどをしてくれるサービス |
| P | Web 上での家電ユーザーサークルを運営し，商品や使い方をユーザー同士で提案しあえるサービス(無料) |
| Q | 太陽光パネルの清掃，除雪を行い発電効率を上げるサービス |
| R | 冷蔵庫管理サービス．例えば冷蔵庫にデジカメが内蔵されており，冷蔵庫を開けなくても外から冷蔵庫の中を確認できる．冷蔵庫の食材や賞味期限を判断して料理レシピの提案をしてくれる． |
| S | 外装取り替えサービス．例えば家電の外側を張り替えて新しいデザインに変えられる． |
| T | 家電を購入したら使い方教室に参加できる．例えば，調理家電を購入したら料理教室に参加できる． |
| U | 購入した家電の使い方訪問サポートサービス．例えば，購入した AV 機器の操作方法や楽しみ方を家に来て教えてくれたり，掃除のプロが掃除機の実演をしてくれるサービス |

図表 8.3 家電サービスの事例・スネークプロット

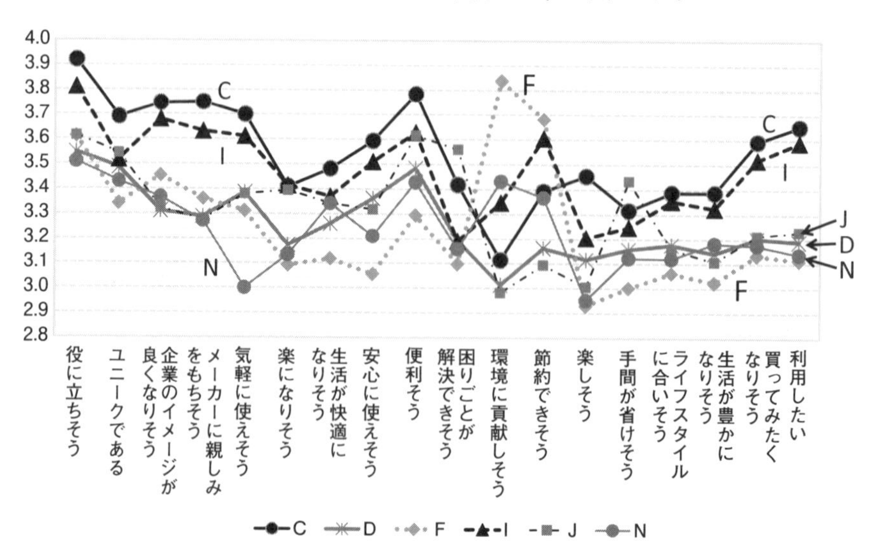

図表 8.4　家電サービスの事例・因子負荷量

| | 因子 1 | 因子 2 | 因子 3 | 因子 4 |
|---|---|---|---|---|
| 役に立ちそう | 0.597 | 0.496 | 0.328 | 0.228 |
| ユニークでありそう | 0.370 | 0.607 | 0.282 | 0.267 |
| 企業のイメージが良くなる | 0.417 | 0.763 | 0.319 | 0.273 |
| メーカーに親しみをもちそう | 0.436 | 0.718 | 0.304 | 0.318 |
| 気軽に使えそう | 0.526 | 0.444 | 0.368 | 0.346 |
| 楽になりそう | 0.703 | 0.389 | 0.317 | 0.308 |
| 生活が快適になりそう | 0.676 | 0.410 | 0.315 | 0.370 |
| 安心に使えそう | 0.652 | 0.442 | 0.324 | 0.325 |
| 便利そう | 0.708 | 0.417 | 0.324 | 0.269 |
| 困りごとが解決できそう | 0.656 | 0.361 | 0.296 | 0.300 |
| 環境に貢献しそう | 0.380 | 0.335 | 0.601 | 0.298 |
| 節約できそう | 0.325 | 0.304 | 0.857 | 0.249 |
| 楽しそう | 0.381 | 0.423 | 0.337 | 0.536 |
| 手間が省けそう | 0.672 | 0.313 | 0.315 | 0.352 |
| ライフスタイルに合いそう | 0.505 | 0.339 | 0.368 | 0.581 |
| 生活が豊かになりそう | 0.492 | 0.376 | 0.345 | 0.604 |
| | 実用性 | 企業イメージ | 節約，環境 | 楽しさ，豊かさ |

図表 8.5　家電サービスの事例・各因子の影響度(回帰係数)

| | 因子 1 | 因子 2 | 因子 3 | 因子 4 |
|---|---|---|---|---|
| このようなサービスを行うメーカーの商品を買ってみたくなりそう | 0.515 | 0.464 | 0.425 | 0.554 |
| 利用したい | 0.564 | 0.443 | 0.451 | 0.500 |

結果(回帰係数)を示す．

ポジショニングマップ(**図表 8.6**)を作成したところ，総合評価が「買ってみたい」と「利用したい」では理想方向が若干異なるが，さまざまな層別を実施しても変化はさほど見られず，仮説 C，I の評価が良好であった．これは，スネークプロットでも同様である．

また，購買行動の質問などで回答者のクラスター分析を行ってマップを作成しても仮説 C，I の評価が高いということがわかった．

**図表 8.6　家電サービスの事例・総合評価が「買ってみたくなりそう」の場合のポジショニングマップ**

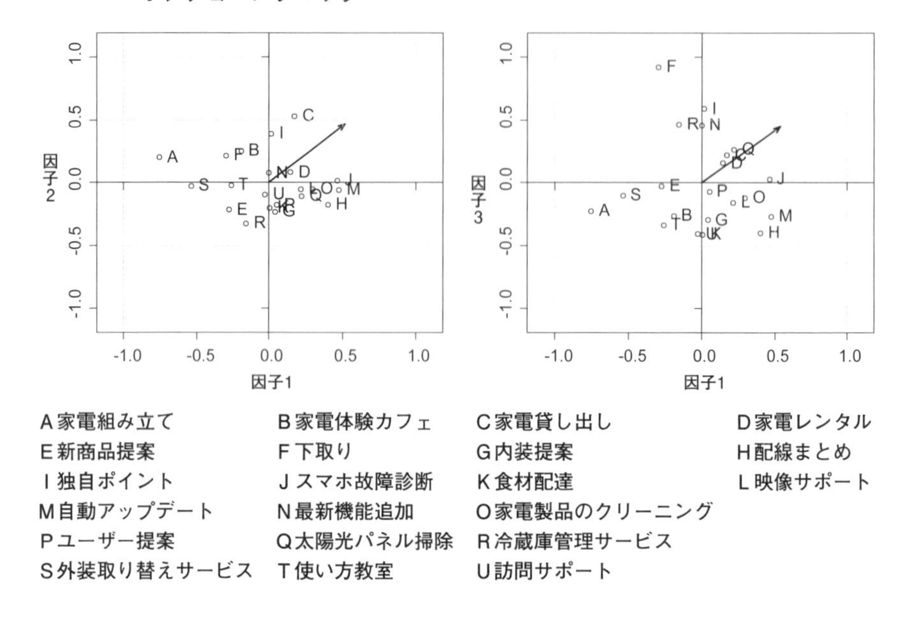


# 8.4 コンジョイント分析

ここまででC，Iの仮説の評価が良いことがわかったが，これらを基礎として，家電メーカーとしての総合的なサービスの設計をコンジョイント分析で行う．そのためにはサービス案を家電購入の連続したプロセスと考え，属性と水準を設定することとした．**図表 8.7** に決定した属性・水準を示す．

これらを $L_{18}$ 直交表に割り付け，組合せ案を作成した．

本調査は 2015 年 3 月に実施し，インターネット調査で有効回答数は 378 名，回答者はスマートフォン所持者，一戸建てまたは分譲マンションに住む人に限定した．

コンジョイント分析の結果は**図表 8.8** のようになり，評価(利用意向)の平均値は 2.69，最適水準での全体効用値は 3.05 となった(この数値は高くない)．

より利用意向の高い層を抽出するために 18 通りの評価の値でクラスター分析を行った．クラスターごとの評価平均値を算出した結果，クラスター2 が格

図表 8.7 家電サービスの事例・コンジョイント分析の属性と水準

| | 家電体験 | 商品購入前に購入後のイメージ | 購入後の節電対策 | 購入後のアドバイス | 故障診断 |
|---|---|---|---|---|---|
| 水準 1（ふつう） | なし | なし | なし | なし | なし |
| 水準 2（このくらいあったらいい） | 一定期間自宅外の特定箇所で使える | ARで確認できる | リアルタイムで各家電の使用電気料金がわかる | メンテナンス情報を教えてくれる | 故障の箇所を正確に教え，解決方法を伝えてくれる |
| 水準 3（こんなのあったらうれしい） | 自宅に持ち帰れる | アドバイザーが自宅を訪問してどんな商品を買ったらよいかをアドバイスしてくれる | 最大限節電効果が得られるように最適な状態にコントロールしてくれる | お客様の自宅に定期的に巡回し要望に応じた購入後のメンテナンスをしてくれる | 故障を予測してソフトウェアのアップデートをしてくれる |
| 水準 4 | | | | | センサリングして故障箇所を知らせてくれる |
| 水準 5 | | | | | 故障を予測してくれる |
| 水準 6 | | | | | 使用状態に応じて故障しないように制御してくれる |

段に高かった(平均値 3.80)．また，各クラスターの特徴付けはポジショニング分析のときと同様に，購買行動質問から求めた因子得点の高低で行った．

- クラスター1：平均的，計画性は薄い
- クラスター2：家電に詳しく，衝動買い
- クラスター3：計画的
- クラスター4：さらに計画性が高い

図表 8.8　家電サービスの事例・コンジョイント分析の結果（全体）

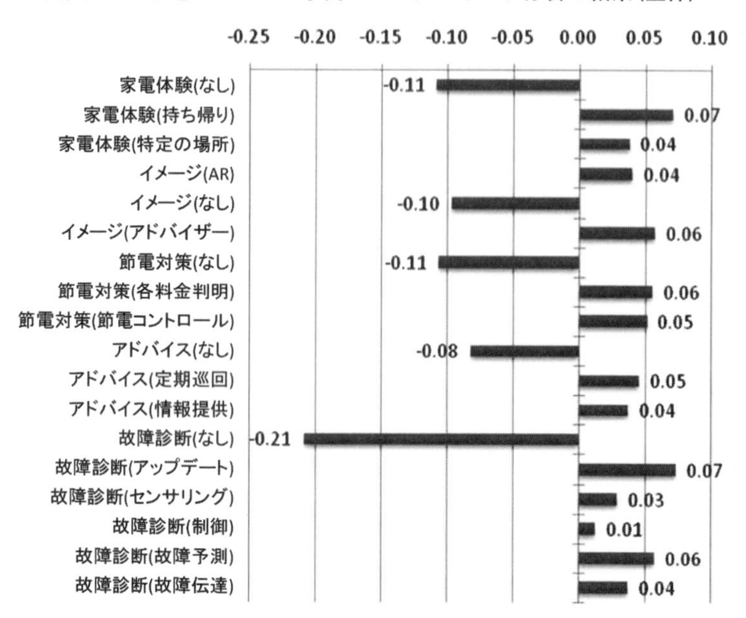


クラスター別のコンジョイント分析の結果は**図 8.9** のようになる．

クラスター2における分析結果は評価の平均が高く，効用値も他のクラスターに比べ高い．さらに詳細に検討するため，個人属性などとのクロス集計を行うと，以下のようになる．

① 家電に詳しく，衝動買いをする．

② スマホの機能なども使いこなし，節電への意識も高い．

③ 年収は 200～500 万円ぐらいの人が過半数を占める．

④ 男女比はほぼ同じ，戸建て住宅に住む 20～39 歳ぐらいが多い．

⑤ 普及率の低い家電も所持している（太陽光発電システムやエコキュートなど）

最適水準でのサービス内容は，全体の結果と同一であるが，全体効用値は非常に高く，4.32 となる．まずはこのクラスター2の方々をターゲット層にサービスを展開するとよいのではないかという結論になった．

図表 8.9 家電サービスの事例・コンジョイント分析の結果（クラスター別）

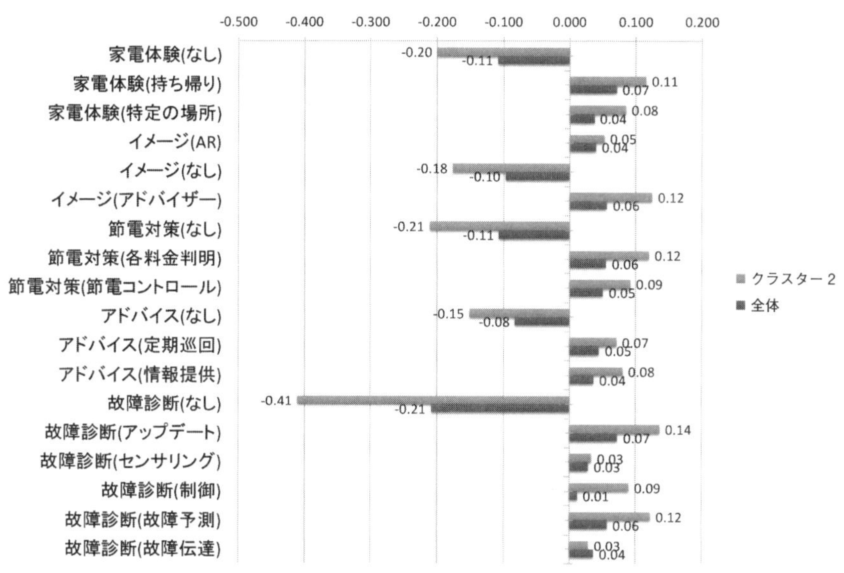


# 8.5 最終提案

コンジョイント分析で得られた最適水準を採用すると以下のようなサービスとなった．

【購入前に受けられるサービス】

① 購入前に商品を持ち帰り，一定期間試用できる．

② アドバイザーが自宅を訪問してどんな商品を買ったらよいかのアドバイスをしてくれる．

【購入後に受けられるサービス】

③ 現在の各家電にかかっている電気料金がわかる．

④ サービスマンが自宅を定期的に訪問し，要望に応じた購入後のメンテナンスをしてくれる（配線やファンのホコリ取りなど）．

⑤ 故障を予測して，自動的に機器のソフトウェアのアップデートをして

くれる.

⑥ 家電の動作状態に問題があったときに，外出先でもスマホに知らせてくれる.

その後のＡ社のサービス一覧を見ると，この研究で見出されたアイデアが生かされていることがわかる.

# 第9章

# 自動車販売会社でのサービス設計

## お客様の心をつかんで離さない営業方法とは？

**ここがポイント！**

高級車販売会社と学会研究会との産学協同研究である．従来は個々の営業担当者が営業活動や顧客サービスを経験と感覚で行ってきたが，P7手法により新規アイデアを多数分析した結果，「顧客のタイプに合った最適なサービスを提供する」方法へと転換することができた．

## 9.1 はじめに

日本品質管理学会「サービス産業における顧客価値創造研究会」において2010年度および2011年度に実施した，自動車販売A社との産学協同研究による新サービス開発に取り組んだ事例である．サービス産業，特に販売業においては大胆かつ大量の仮説抽出とその正確な検証が重要であり，本事例では計38件の仮説(アイデア)を時系列で3つ(販売前・販売時・販売後)に分割し，P7手法などを用いて検証した結果，最適な企画提案を行うことが可能となった．

## 9.2 仮説の創出

当時は仮説の創出方法についてはまだNeo P7手法が十分に確立されておら

ず，P7 手法のアイデア発想法と，A 社社員が従前から保有していた改善案なども含めて仮説を創出した．

## 9.3 グループインタビュー

以下のようなシナリオで，高級車ユーザーがどのような考えをもち，仮説をどのように評価するかを明らかにする．

① 高級車ユーザーの意識を調査する．
- 現在の自動車を購入するに至った経緯
- 購入の理由，ディーラーを選んだ理由
- 購入後のサービスについて

② 仮説の検証を行う．

高級車ユーザーといっても多様な人がいるので，グループインタビューを 3 回実施した．3 回の回答者の共通条件は本体価格 400 万円以上の高級車のユーザーで，各回の特徴は次のとおりである．

- 1 回目：車自体に詳しい男性 7 名
- 2 回目：車自体に詳しくない男性 7 名
- 3 回目：女性 7 名

インタビューの詳細は省くが，その結果をもとに 38 件の仮説（**図表 9.1**）を

**図表 9.1　自動車販売の事例・仮説のまとめ**

| 区　分 | 仮　説 |
|---|---|
| ①購入前施策<br>16 件 | 試乗してもらうための施策：2 件／試乗中の施策：1 件／試乗の形態について：7 件／スタッフの対応について：1 件／販売店での対応の施策：2 件／メンテナンスに関する施策：1 件／来店してもらうための施策：2 件 |
| ②購入～納車時施策<br>9 件 | 購入時の特典：2 件／納車時対応：4 件／納車時の施策：2 件／納車までのサービス：1 件 |
| ③購入後施策<br>13 件 | 購入後に来店してもらう施策：1 件／購入後の提案：3 件／購入後の特典：5 件／車体メンテナンスに関する施策：4 件 |

ブラッシュアップした.

## 9.4 アンケート調査

### (1) アンケート調査の設計

前節でブラッシュアップした仮説を定量的に検証すべくアンケート調査を行った. 自動車購入のステップを購入前・購入中・購入後の3つに分けて, さまざまな評価項目で仮説の5段階評価を実施した. 対象者は本体価格300万円以上の車両を持つユーザー(車両メーカー5社A～Eはこちらで指定)に限定し, 三大都市圏(東京・名古屋・大阪)で合計300名に依頼した. **図表9.2**に質問項目(概略)を示す.

次にアンケート調査の結果の要点を示す. 単純集計より男女比は7：3で, 所有車両の比率はA, C社が低目, B, D, E社は高目(ほぼ同率)であった. 車両価格で見ると, ハイエンドユーザー(車両価格1,000万円以上)については, 予想された60歳以上が比較的少ない結果だった. B, D, E社製の所有者はハイエンドユーザーが多かった. **図表9.3**は自動車の情報の入手先と基本属性, 購買行動のクラスターで数量化Ⅲ類の分析(項目間の接近の程度を表示する方法[18])を実施した結果である. この結果, 車両価格が高くなるにつれて情報の入手先が異なる傾向があることがわかった. 車両価格が低いほうから, 親しい方からの情報→販売店の情報→自動車専門家の情報(高度な情報)と変わってい

**図表9.2 自動車販売の事例・アンケート調査質問項目**

| | |
|---|---|
| Q1 自動車の情報をどこから手に入れるか | Q10 自動車に対する詳しさ |
| Q2 購入のきっかけ | Q11 趣味について |
| Q3 販売店の担当者について | Q12 購買行動についてあてはまるもの |
| Q4 購入した販売店を選んだ理由 | Q13～20 購入前サービスの評価 |
| Q5 あなたにとっての自動車 | Q21 購入前サービスで欲しいもの |
| Q6 自動車を買い替えた理由 | Q22～26 購入時サービスの評価 |
| Q7 自動車を買う際の支払い方法 | Q27 購入時サービスで欲しいもの |
| Q8 ここ1年間で行った販売店のブランド | Q28～33 購入後サービスの評価 |
| Q9 販売店で感動したエピソード | Q34 購入後サービスで欲しいもの |

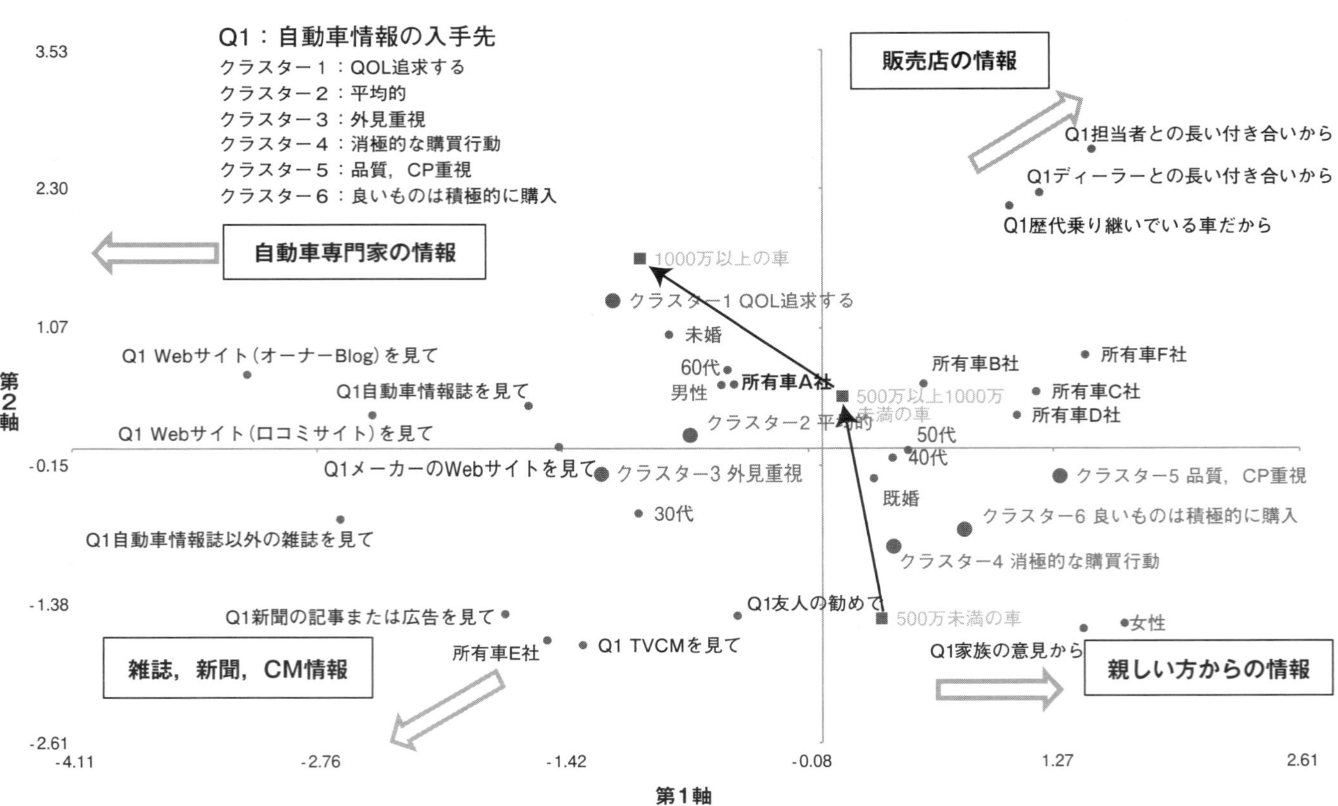


図表 9.3 自動車販売の事例・数量化Ⅲ類の分析結果（項目間の関連性を示すマップ）

った．

その他の項目についても種々の組合せで数量化Ⅲ類を実施した結果，基本属性と各質問項目に関連性はなかったものの，車両価格と各質問項目については関連性が高かった．例を挙げると情報の質やセールスマンの対応，車のイメージなどであった(要するに高額な車を求める人ほど高度な情報やサービスを求める傾向がある)．

### (2)　ポジショニング分析

ポジショニングマップをつくる前に，仮説評価の質問項目で因子分析を行った(**図表 9.4**)．その際，仮説が 38 件と多いため回答者の負担を考慮して，仮説と回答者を 2 系統に分割した．

因子 1 を実用性，因子 2 を高級車ディーラー的，因子 3 を優越感・感動とした．仮説を 2 つに分けた都合 2 つの因子分析となったが結果はほぼ変わらないためどちらの系統ともに同じ因子名を用いた．また，各因子の影響度については比率はほぼ同じであった．これらをもとに 2 系統のポジショニングマップと理想ベクトルを作成した結果以下のようになった(**図表 9.5**，**図表 9.6**)．

系統 1 については購入時，購入前段階の施策に関しては評価が良くない(理想ベクトルの方向に仮説がない)ことがわかった．

購入時の施策については系統 1 と同じような結果であったが，因子 3(優越感・感動)については評価が高いことがわかった．また，仮説の評価の平均値を車両価格別で算出した結果は系統 1 の 1,000 万円以上の車両ユーザー以外は特に大きな差は見られなかった．

種々の属性で層別して分析を行ったが，特に大きな差は見られなかったために，新たな属性をつくるべく Q12 の購買行動に関する質問について因子分析を行った後，因子得点を用いてクラスター分析を行った．その結果，6 つのクラスターに分けることができた．

因子分析を行った結果 4 因子になり(**図表 9.7**)，因子の意味付けは因子 1：外見，ブランド追求，因子 2：慎重さ，因子 3：Quality of Life 追求，因子 4：品質，コストパフォーマンス(CP)重視となった．

さらに各クラスターごとに因子得点の平均を算出した結果それぞれのクラス

**図表 9.4 自動車販売の事例・因子負荷量**

系統 1

| 変数名 | 共通性 | 因子 1 | 因子 2 | 因子 3 |
|---|---|---|---|---|
| 自分のライフスタイルに合っている | 0.807 | 0.738 | −0.376 | 0.348 |
| 楽しそう | 0.818 | 0.642 | −0.325 | 0.548 |
| 便利そうである | 0.786 | 0.734 | −0.409 | 0.282 |
| 車に対する愛着がわきそう | 0.801 | 0.649 | −0.430 | 0.443 |
| 優越感を感じられる | 0.799 | 0.397 | −0.521 | 0.608 |
| 高級車ディーラーとしてふさわしい | 0.892 | 0.377 | −0.760 | 0.416 |
| 信頼感がある | 0.896 | 0.474 | −0.759 | 0.310 |
| 感動しそう | 0.796 | 0.461 | −0.455 | 0.613 |

系統 2

| 変数名 | 共通性 | 因子 1 | 因子 2 | 因子 3 |
|---|---|---|---|---|
| 自分のライフスタイルに合っている | 0.827 | 0.754 | −0.328 | 0.389 |
| 楽しそう | 0.794 | 0.553 | −0.288 | 0.636 |
| 便利そうである | 0.784 | 0.734 | −0.394 | 0.299 |
| 車に対する愛着がわきそう | 0.803 | 0.572 | −0.417 | 0.550 |
| 優越感を感じられる | 0.796 | 0.371 | −0.488 | 0.648 |
| 高級車ディーラーとしてふさわしい | 0.903 | 0.390 | −0.735 | 0.458 |
| 信頼感がある | 0.898 | 0.467 | −0.723 | 0.396 |
| 感動しそう | 0.851 | 0.342 | −0.426 | 0.744 |

ターに意味づけを行うことができた(**図表 9.8**).

ここからＡ社のターゲットとしたい層をクラスター1，3，5として再度ポジショニング分析を行った．その結果，ポジショニングマップ上における仮説の位置は大きく異なるものの，理想ベクトルの方向は変化がないということがわかった(**図表 9.9**).

代表的なクラスターにおける評価の高い仮説を**図表 9.9** で見ていくと次のような結果を得た.

### 図表 9.5　自動車販売の事例・ポジショニングマップ（系統 1）

#### 系統 1　因子 1×2

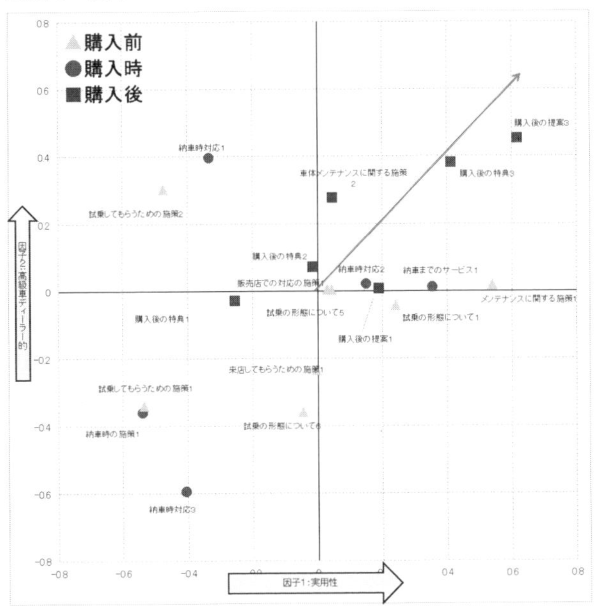


#### 系統 1　因子 1×3

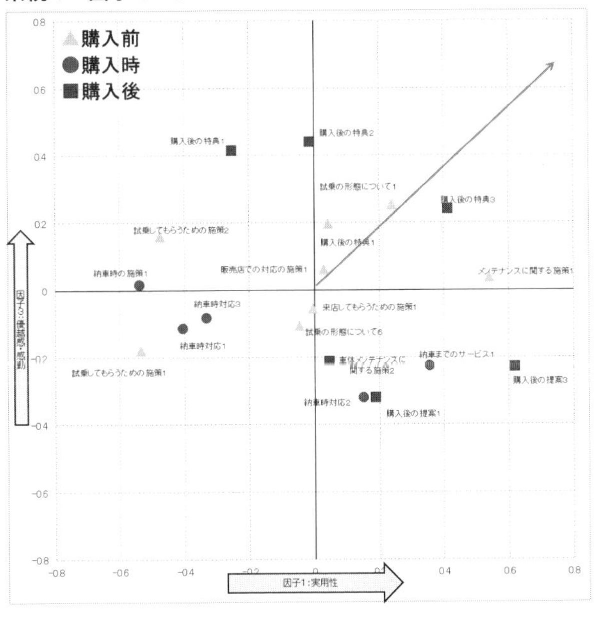

**図表 9.6　自動車販売の事例・ポジショニングマップ（系統 2）**

系統 2　因子 1×2

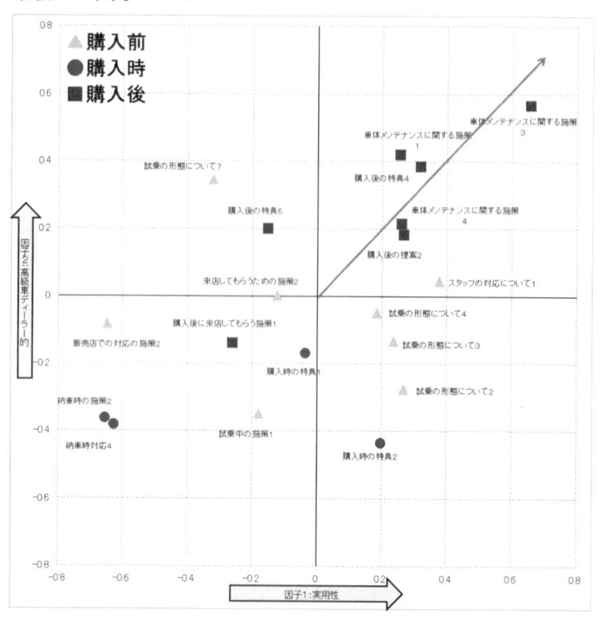


系統 2　因子 1×3

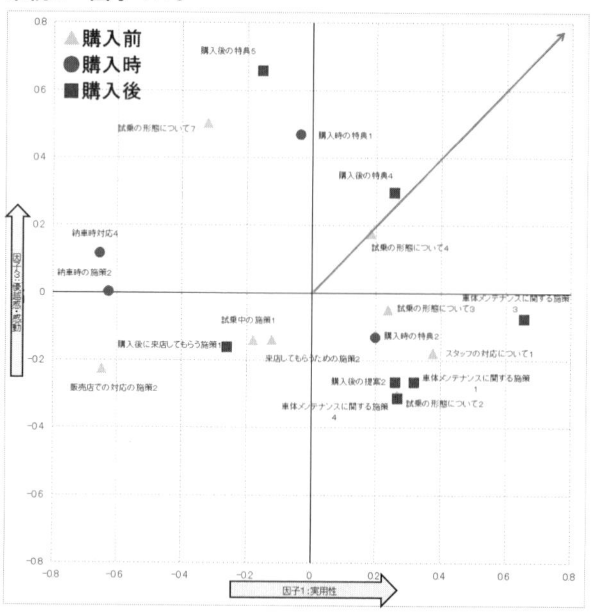

図表 9.7　自動車販売の事例・購買行動による因子負荷量

| | 外見，ブランド追求 | 慎重さ | QOL 追求 | 品質，CP 重視 |
|---|---|---|---|---|
| 変数名 | 因子 1 | 因子 2 | 因子 3 | 因子 4 |
| お金がかかっても質の高い暮らしをしたい | 0.251 | 0.000 | 0.648 | −0.057 |
| お金がかかっても欲しいものを買うことが多い | 0.207 | −0.081 | 0.864 | 0.006 |
| 欲しいものを手に入れるためには努力を惜しまない | 0.185 | 0.203 | 0.577 | −0.087 |
| 見た目よりも性能，機能の優れたものを選ぶほうだ | −0.077 | 0.161 | 0.352 | −0.770 |
| 見た目よりもコストパフォーマンスを重視する | 0.050 | 0.256 | −0.090 | −0.567 |
| 見た目を何よりも重視する | 0.652 | 0.045 | 0.163 | 0.147 |
| 使い勝手が多少悪くても有名ブランドの物を持ちたい | 0.820 | −0.067 | 0.130 | −0.041 |
| 周囲の人に見える部分にお金を使いたい | 0.772 | −0.056 | 0.134 | −0.011 |
| 無駄な物はあまり買わないほうだ | −0.003 | 0.418 | −0.061 | −0.102 |
| なるべく信頼のできる店で買いたい | −0.002 | 0.399 | 0.370 | −0.061 |
| 店員・営業マンの勧めよりも自分の判断を優先する | 0.084 | 0.350 | 0.323 | −0.124 |
| 高い買い物をするときは時間が掛かっても慎重に見極めるほうだ | −0.069 | 0.662 | 0.096 | −0.135 |

図表 9.8　自動車販売の事例・購買行動によるクラスター分析の結果（各因子の平均点）

クラスター１
QOL 追求の数値が高い

クラスター２
どの因子得点の平均も低い

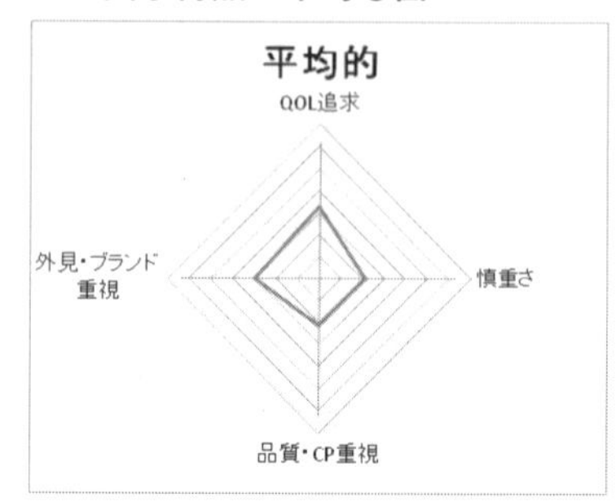


クラスター３
外見ブランド重視の数値が高い

クラスター４
慎重さの数値が高い

クラスター５
品質・CP 重視の数値が高い

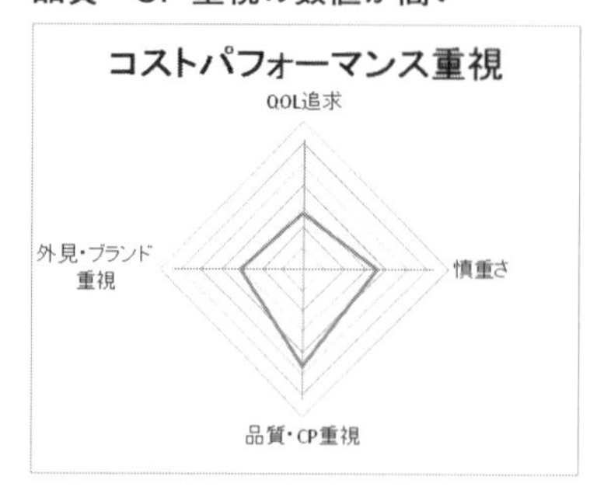


クラスター６
外見ブランド重視と
品質・CP の数値が高い

**図表 9.9 自動車販売の事例・主要クラスターで層別したポジショニングマップ**

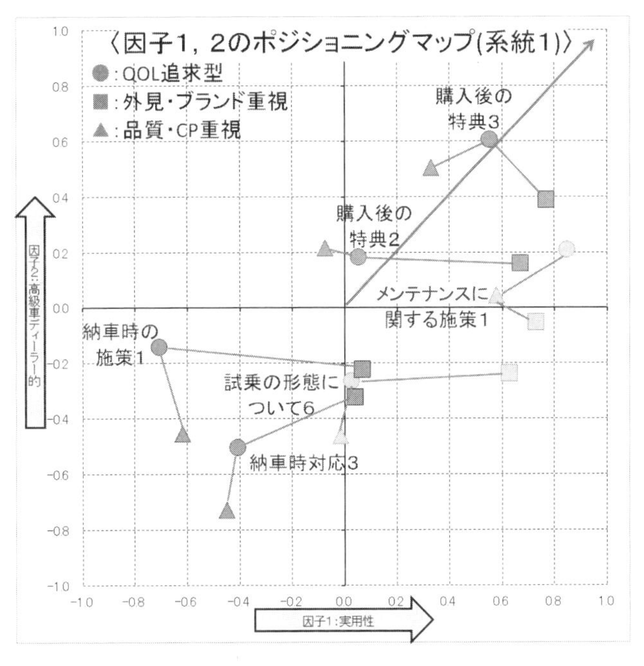


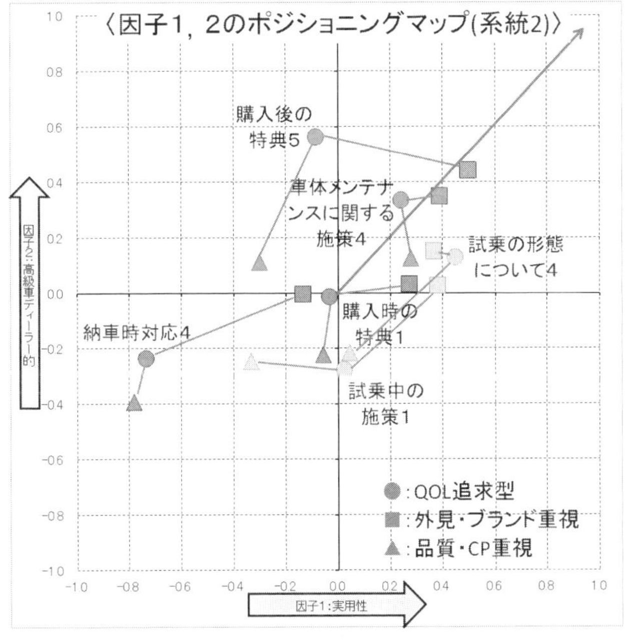

- クラスター1：QOL 追求(●印)
  メンテナンスや購入後の特典(**図表 9.1** を参照)で自分の車をしっかりと面倒を見てくれるサービスが評価される．それ以外の部分では評価が低くなる．
- クラスター3：外見・ブランド重視(■印)
  購入後の特典(**図表 9.1** を参照)は非常に評価が高い，さらに車両自体に結び付かないサービスを好む．逆に車両に関連するサービスは評価があまり高くない．
- クラスター5：品質・CP 重視(▲印)
  購入後サービスの仮説を非常に重視している．

## 9.5 まとめ

ポジショニング分析などをまとめていくと以下のようになった．

- 購入後の特典 3，車体メンテナンスに関する施策 3 はどのクラスターにおいても高評価であった．
- 顧客は購入後の手厚いサービスを期待している．購入時のサービスはあまり歓迎されず，購入前はブランドや車両性能を重視している．
- 一般的な属性ではあまり差異が見られなかった．
  →逆に差異が見られたのは購買行動から分けたクラスターである．
  (例えば外見重視のクラスターは購入後のサービス 5 の評価が高い)
  →クラスターごとにサービスを変える必要がある．

今後は店頭でクラスターごとにどのようなサービスを提案していけるかということが検討課題となる．

# 第10章

# 飼えない方がペットと触れ合える癒し空間の企画

## 2014年度ドリームプランナー事例より

**ここがポイント！**

ドリームプランナーのサービス企画事例である．ワンちゃんを飼いたいが飼えない方のために，Neo P7 手法を用いて多数の優れた仮説を創出し，詳細な分析の結果，ワンちゃんとタップリ触れ合えるサービス「ワンちゃんふれあいクラブ」を提案した．

## 10.1 はじめに

ペットに関連するサービスは世の中に多く存在している．例えばペット向け医療保険やしつけ教室などである．しかし，これら既存のサービスはペットを飼っている人向けであって，「飼いたくても飼えない」方向けの本格的なサービスは存在していないのが現状である．本事例はペットの中でも市場が一番大きな犬に焦点を当てて，飼えないもしくは飼っていない方向けのサービスを提案する．

## 10.2 アイデア発想法

サービスの企画では，追随される可能性を考慮すると，優れたアイデアが大量にあることが重要である．アイデアを出すには仮説発掘法やアイデア発想法があるが，本事例ではメンバーでアイデア発想法を用いて独自アイデアを72件創出し，それらを点数評価によって絞り込んだ．評価はチーム内で評価項目を考案し，「画期的」40%，「手軽」30%，「癒される」30%のウェイトを用いて5点満点の平均点から重みづけの総合評価点を求めた(**図表10.1**)．

その結果，上位15件のアイデアを仮説として採用することにした．

No. 1　ワンちゃんが添い寝してくれるリラクゼーション施設

- ワンちゃんと触れ合いながら癒される場所を提供！
- 好きなワンちゃんを選び，時間単位で一緒に添い寝できる．

No. 2　ワンちゃん横町

- どのお店にも必ず看板犬がいる商店街
- 商店街のお店を利用しながら，気軽にワンちゃんと触れ合える．

No. 3 「ワンちゃん運動会」イベント

- かわいいワンちゃんが続々出場する運動会イベントを開催
- 見学者参加型の競技もあり，見て触って癒される！

No. 4　ワンちゃんカフェ

- ネコカフェならぬ，ワンちゃんカフェ
- 時間単位で仮の飼い主になって，外をお散歩することも可能！

No. 5　ワンちゃん付きツアー

- ワンちゃんの飼い主気分を期間限定で味わえるツアー
- 日帰り・宿泊が選べ，希望者には専門トレーナーがつくので安心

No. 6　ふれあいペットショップ

- 売れることではなく，触れ合うことをメインにしたペットショップ
- 気に入ったワンちゃんに出会ったら，購入も可能

No. 7　ワンちゃんマンション①　好きなときに飼い主気分を味わえる！

- マンション共有スペースにワンちゃんがついてくる！
- 普段は管理人さんがお世話を担当
- 申請すれば，好きな期間飼い主気分を味わえる．

No. 8　ワンちゃんマンション②　忙しい飼い主さんをサポート！

- 忙しい飼い主さんを，管理人さんがサポート
- ワンちゃん保育園を併設し，いつでも安心して預けられる．

図表 10.1　ペットの事例・アイデアの評価結果(一部)

| No. | アイデア内容 | 平均評価点 | | | |
|---|---|---|---|---|---|
| | | 画期的 40% | 手軽 30% | 癒され 30% | 総合 |
| 1 | ワンちゃん運動会を開催，飼えない人が集合して見物 | 3.5 | 3.7 | 3.7 | 3.6 |
| 2 | 高齢の人の代わりにワンちゃん散歩 | 2.3 | 3.7 | 2.0 | 2.6 |
| 3 | ワンちゃんも乗れる電車　→女性専用電車の派生版 | 3.8 | 3.3 | 1.7 | 3.0 |
| 4 | ワンちゃんをみんなでシェア，地域見回り隊 | 3.5 | 2.7 | 2.7 | 3.0 |
| 5 | ワンちゃん日記配信　月１回の会合でワンちゃんと触れ合う　月額会費 | 2.3 | 3.7 | 3.3 | 3.0 |
| 6 | ワンちゃんナビ．ワンちゃんが散歩しているところにあわせて，飼えない人がその周辺を散歩．登録制 | 3.3 | 3.3 | 2.7 | 3.1 |
| 7 | ワンちゃんの特性を生かしたスポーツ(旭山動物園のような) | 2.5 | 3.0 | 2.7 | 2.7 |
| 8 | ワンちゃんのマンション(1 階にワンちゃんを住ませ，皆でシェア) | 3.8 | 3.0 | 4.0 | 3.6 |
| 9 | ワンちゃんカフェはあるけれど，ワンちゃんコンビニ | 3.8 | 3.3 | 2.7 | 3.3 |
| 10 | ワンちゃん動物園(いろいろな種類のワンちゃんがいる，奈良の鹿みたい) | 3.3 | 3.0 | 3.7 | 3.3 |
| 11 | ワンちゃんロード(自転車ロードではなくワンちゃんロード)．そこに行くとワンちゃんに会える | 3.3 | 3.0 | 3.3 | 3.2 |
| 12 | 犬の可愛さコンテストに投資(競馬・競輪の犬バージョン) | 3.3 | 3.0 | 2.7 | 3.0 |
| 13 | ホテルで犬とのステイプラン(犬とのペアルック付きなどオプション多数) | 3.3 | 3.7 | 3.7 | 3.5 |

No. 9 擬似飼い主体験ができる宿泊施設

- 自分が実際犬を飼ったらどうなるか，を外部施設で擬似体験
- 宿泊型で，飼い主の日常を味わえる.

No. 10 犬好き大集合，ワンワンタウン

- 住める人は犬好き限定！
- 鳴き声など，周りへの配慮が最小限で済み，トラブルも軽減

No. 11 アレルギーでも安心，ペット独立型マンション

- 犬は飼いたいけど，アレルギーが気になる…という方へ
- ワンちゃん専用部屋を併設したアレルギー対策マンション

No. 12 ワンちゃんコンサルタント

- 犬を飼うことについて事前相談に乗ってくれるコンサルタント
- 自分に似た環境で犬を飼っている人の情報などを提供

No. 13 ワンちゃん付きシェアハウス

- ワンちゃん付きのシェアハウス
- 自分ひとりでなく，住んでいる人みんなで世話が分担できる.

No. 14 飼い主さんサポートサービス

- 飼い主を一時的にサポートする登録制サービス
- 犬を飼っていない人が事前登録しており，飼い主さんの都合に合わせて時間単位から世話を代行してくれる.

No. 15 ワンちゃん用 室内トレーニングマシーン

- なかなかお散歩に行く時間がない飼い主さん向け
- お散歩に頻繁に行けなくてもワンちゃんがストレスを解消できる，室内用器具

## 10.3 インタビュー調査(グループインタビュー)

次に仮説をブラッシュアップするためにグループインタビュー方式でインタビュー調査を行った. 回答者は，チームメンバーの知り合いに声をかけることで集めた.

回答者は犬を飼った経験のある方1名と経験のない方5名で，インタビュー

内容としては，前節で絞り込んだ15件の仮説の良否の検証と，それ以外の「あったらいいな」というモノ・サービスに関してである.

インタビューの結果「ワンちゃんと一緒に楽しめる」仮説と「自分で飼うときに手助けになる」仮説に対して賛成意見が集中した．さらにワンちゃんへの希望と飼うことへの不安と障害を具体的に収集できた．意見の例を以下に示す.

- ワンちゃんと一緒に遊べるのが良い.
- ワンちゃんと一緒に接して癒やされたい.
- 働いているので十分にかまってあげられないかも.
- マンションで飼うことが難しく，出かけるときに預けられない.
- 飼ったことがないので世話が不安である.
- 家族にアレルギーをもつ者がいるので厳しい.

このような意見や仮説への修正提案が出たので，次のアンケート調査に向けて仮説の修正を行った.

## 10.4 アンケート調査

### (1) 調査の概要

ここまでで作成した仮説の評価を行うべくWebアンケート調査を実施した．調査は2段階で行われ，回答者を抽出するための予備調査を行い，その後に仮説検証を行うための本調査を行った．以下に2回の調査の概要を示す.

〈予備調査概要〉

【回答者】

20代～60代(以上)の女性2,000名

【目的】

- 犬好きな人を抽出する.
- “飼いたくても飼えない”人の理由を調査する.

【調査項目】

Q1. 住居形態［戸建(持家)・戸建(賃貸)・集合住宅(持家)・集合住宅(賃貸)］

Q2. 犬の好き・嫌い［好き・やや好き・どちらともいえない・やや嫌い・嫌

い]

Q3. 犬を飼うことについてどう思うか
[飼うことに問題ない・飼いたいが飼えない・飼いたくないが触れ合いたい・飼いたくない]

Q4. 困りごと・飼っていない理由
[アレルギー・ペット不可住宅・臭い・部屋が傷む・外出できなくなる・世話に不安・面倒・鳴き声・その他]

ここから，①犬が好き，②現在犬を飼っていない，③飼いたい・触れ合いたいと思っている，の3条件を満たす250名を抽出し，本調査を実施した.

**〈本調査概要〉**

【回答者】
予備調査対象者から抽出した250名

【目的】
15件の仮説に対する検証

【調査項目】
〈Q1～Q4〉
家族構成・同居している人のワンちゃんに対する状況，回答者のワンちゃんに対する思い.

〈Q5～Q19〉
ワンちゃんに関する仮想的サービス15件についての評価質問

- 評価項目はグループインタビューよりキーワードを抽出
- サービス内容は前節までのアイデアをブラッシュアップしたもの

### (2)　アンケート調査の結果・スネークプロット

紙面の都合上，ここでは端的な結果のみを示す.

現在ワンちゃんを飼っていないため触れ合えていない方々が非常に多いが，理想としては定期的に触れ合いたいと思っている方々が約78%と多い結果になった(**図表10.2**).

次に仮説評価の結果をスネークプロット(**図表10.3**)として示す．仮説の総

図表 10.2 ペットの事例・触れあう頻度(現在と理想, 250 名中)

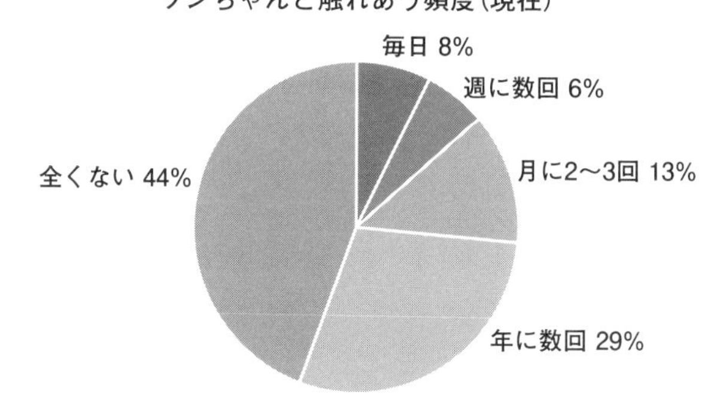


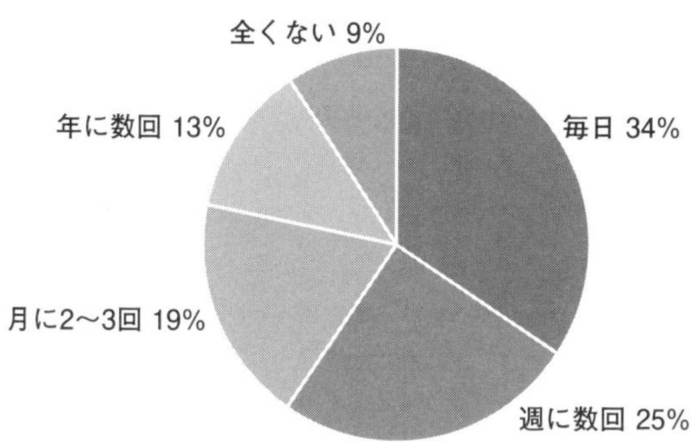


合評価が非常に高いものは「リラクゼーション施設」,「ワンちゃん横丁」,「ふれあいペットショップ」,「ワンちゃんカフェ」であった. これら仮説の評価はどの項目についても一様に高いことがわかった.

### (3) ポジショニング分析

アンケート調査で得られた仮説評価のスコアを用いてポジショニング分析を行った. まずは因子分析を行い, 評価項目を3つに集約した. **図表 10.4** に因子負荷量を示す.

3つの因子をそれぞれ「因子1:利用者の手軽さ」,「因子2:利用者の癒し」,「因子3:ワンちゃんの幸せ」と名付けた. 得られた因子得点を用いてポジショニングマップを作成したところ, **図表 10.5** のようになった.

図表 10.3　ペットの事例・スネークプロット

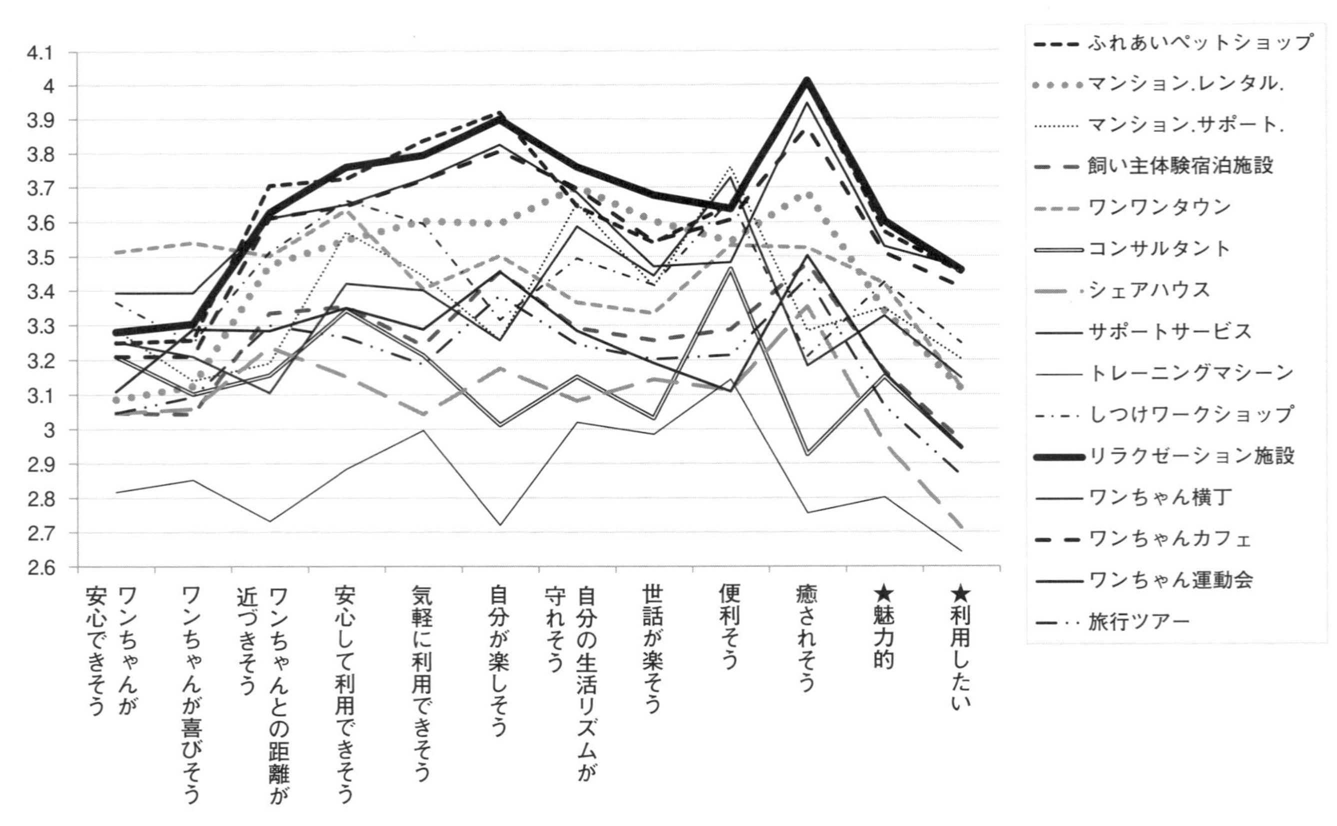

**図表 10.4 ペットの事例・因子負荷量**

| | 因子 1<br>利用者の<br>手軽さ | 因子 2<br>利用者の<br>癒し | 因子 3<br>ワンちゃん<br>の幸せ |
|---|---|---|---|
| ワンちゃんが安心できそう | 0.40 | 0.30 | 0.83 |
| ワンちゃんが喜びそう | 0.35 | 0.35 | 0.80 |
| ワンちゃんとの距離が近づきそう | 0.50 | 0.56 | 0.47 |
| 安心して利用できそう | 0.64 | 0.49 | 0.43 |
| 気軽に利用できそう | 0.68 | 0.48 | 0.37 |
| 自分が楽しそう | 0.50 | 0.73 | 0.34 |
| 自分の生活リズムが守れそう | 0.69 | 0.41 | 0.37 |
| 世話が楽そう | 0.67 | 0.42 | 0.40 |
| 便利そう | 0.72 | 0.36 | 0.40 |
| 癒されそう | 0.40 | 0.76 | 0.34 |

理想ベクトルの先にある仮説を勘案しつつ，最終のコンジョイント分析に向けて以下のようなまとめを行った．

① 「リラクゼーション施設」，「ワンちゃん横丁」，「ふれあいペットショップ」，「ワンちゃんカフェ」について総合評価項目の点数が高く，ポジショニング分析から抽出した理想ベクトルの方向に近い．

② 「自分で飼う」こと前提ではなく，「飼わなくてもワンちゃんと触れ合える」サービスが求められている．

コンジョイント分析に向けて，「ワンちゃん横丁」はサービスとしての実現可能性が低いと判断して除外した．また，サービス内容が類似する「リラクゼーション施設」，「ふれあいペットショップ」，「ワンちゃんカフェ」の3つの要素を合わせもった総合施設にサービス内容を絞り，コンジョイント分析を実施することとなった．

**図表 10.5　ペットの事例・ポジショニングマップ**

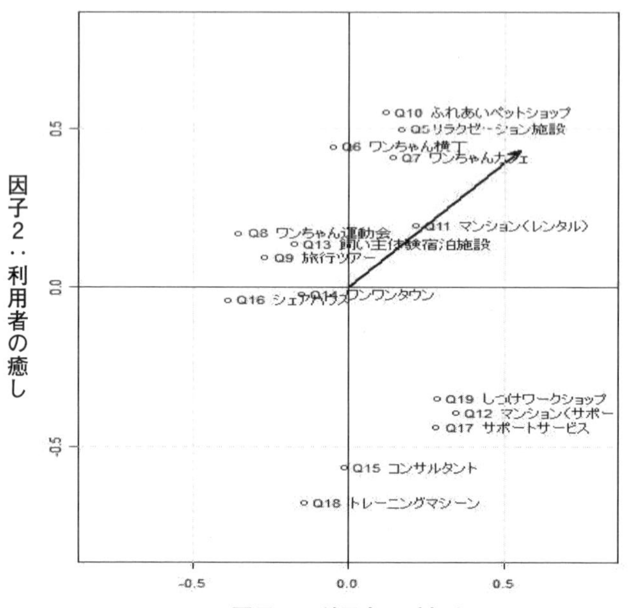


因子 1：利用者の手軽さ

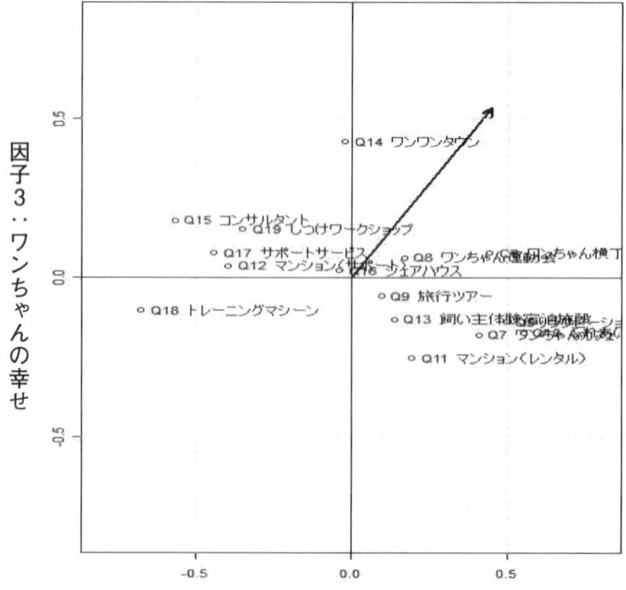


因子 2：利用者の癒し

# 10.5 コンジョイント分析

### (1) 調査の内容

前節の方針に従い，コンジョイント分析を行うための属性と水準を作成した(**図表 10.6**).

これらを$L_{16}$直交表に割り付け，16 種類のサービス案を作成した．各サービス案に対して「自分に合っている」と「利用してみたい」の 2 項目について 5 段階での評価をしていただいた.

以下に第 2 回目のアンケート調査の実施概要を示す.

【回答者】

前回のアンケート調査の回答者 250 名(実回答者 210 名)

【目的】

ワンちゃんと触れ合うことができる総合施設についての組合せを評価していただき，最適案を抽出する.

**図表 10.6　ペットの事例・コンジョイント分析の属性と水準**

← 項目 →

| 項目 | 選択肢 |
| --- | --- |
| 1.利用形態と料金 | a. 30分につき 1,000円 / b. 1時間につき 1,000円 / c. 時間制限なし 2,000円 / d. 時間制限なし 3,000円 |
| 2.立地条件 | a. 都心の商業施設内 / b. 郊外・駅近くの建物内 / c. 郊外の独立施設 |
| 3.ふれあいスペース | a. 共有 / b.個室 |
| 4.予約システム | a. 完全予約制 / b. 来店順 |
| 5.連れ出しサービス | a. 近辺の散歩 / b. 外泊OK |
| 6.お気に入りワンちゃん買い取り制度 | a. あり / b. なし |
| 7.指名制度 | a. あり(有料) / b. なし |
| 8.店のテイスト | a. 高級感あふれる雰囲気 / b. アットホームな雰囲気 |
| 9.飲食(利用者向け) | a. カフェのみ / b. レストラン付き |
| 10.ワンちゃん紹介情報 | a. 最低限度 / b. こだわり |

注） 項目を属性とし，選択肢を水準とする.

【調査項目】

- 利用形態(料金・スペース・予約・指名・飲食提供)
- サービス(連れ出しサービス・買取り制度・ワンちゃんプロフィール)
- 立地や雰囲気

### (2)　コンジョイント分析の結果

回答者を「ワンちゃんに対する思い」という質問項目で4つのクラスターに分け(**図表10.7**)，各クラスターの16通りのプランに対する利用意向の平均点を算出するとクラスター1の回答者62名が利用意向の値が最も高く構成比も比較的高いことがわかった(**図表10.8**)．その中でも犬を飼いたいが，飼えない人をメインターゲット層とすることにした．その回答者属性を詳しく見ると，「50〜54歳・専業主婦・子供がいない」が特徴的なパターンである(**図表10.9**)．

**図表10.7**でもわかるように，クラスター1の方はワンちゃんに触れ合えないときでも動画やグッズで癒やされており，ニーズが高い．

この層の回答者のコンジョイント分析結果は**図表10.10**のようになった．定数項(平均値)は3.12に，○印を付した最適水準を用いた場合の効用値は3.53となった．

**図表10.7　ペットの事例・各クラスターの「ワンちゃんに対する思い」の平均点**

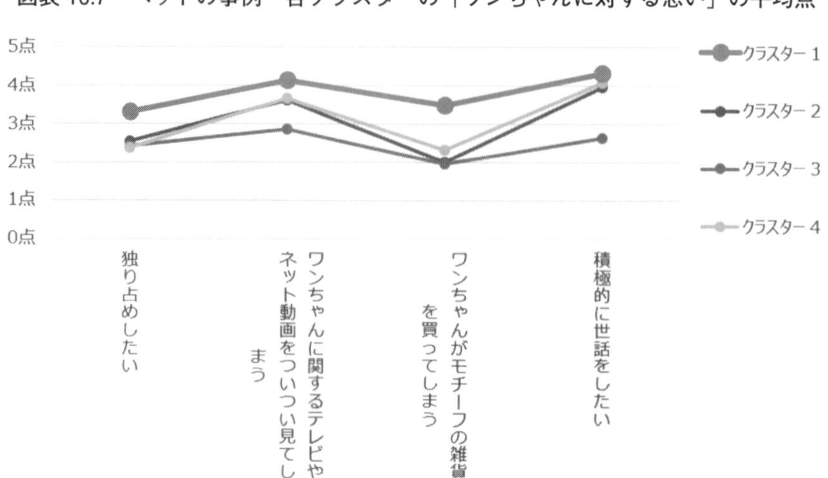

図表 10.8　ペットの事例・各クラスターの利用意向平均点

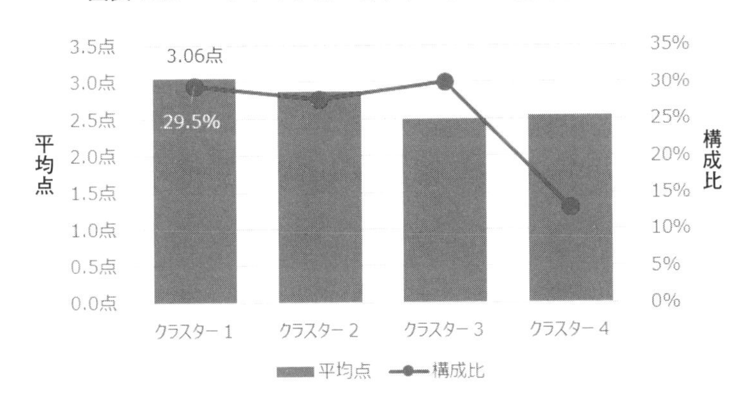


図表 10.9　ペットの事例・メインターゲット層の特徴

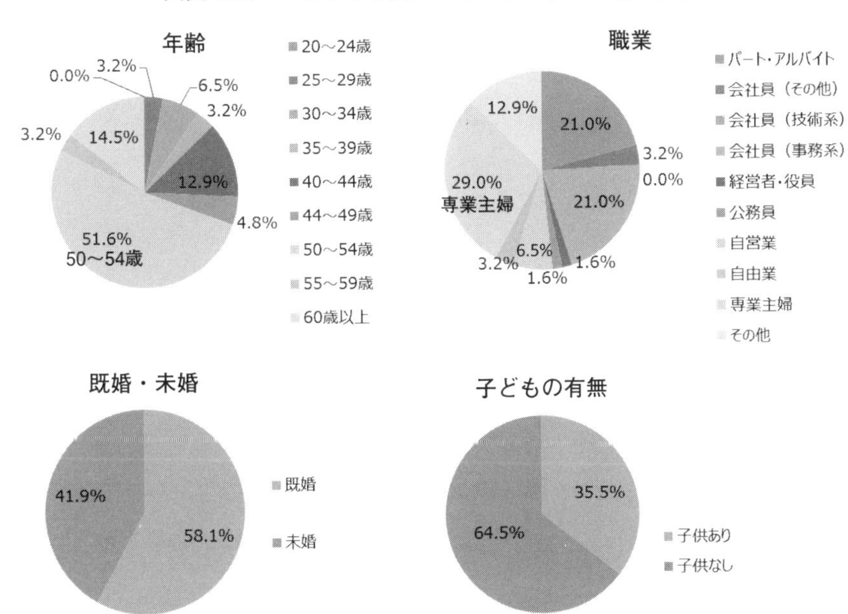

図表 10.10　ペットの事例・メインターゲット層のコンジョイント分析結果

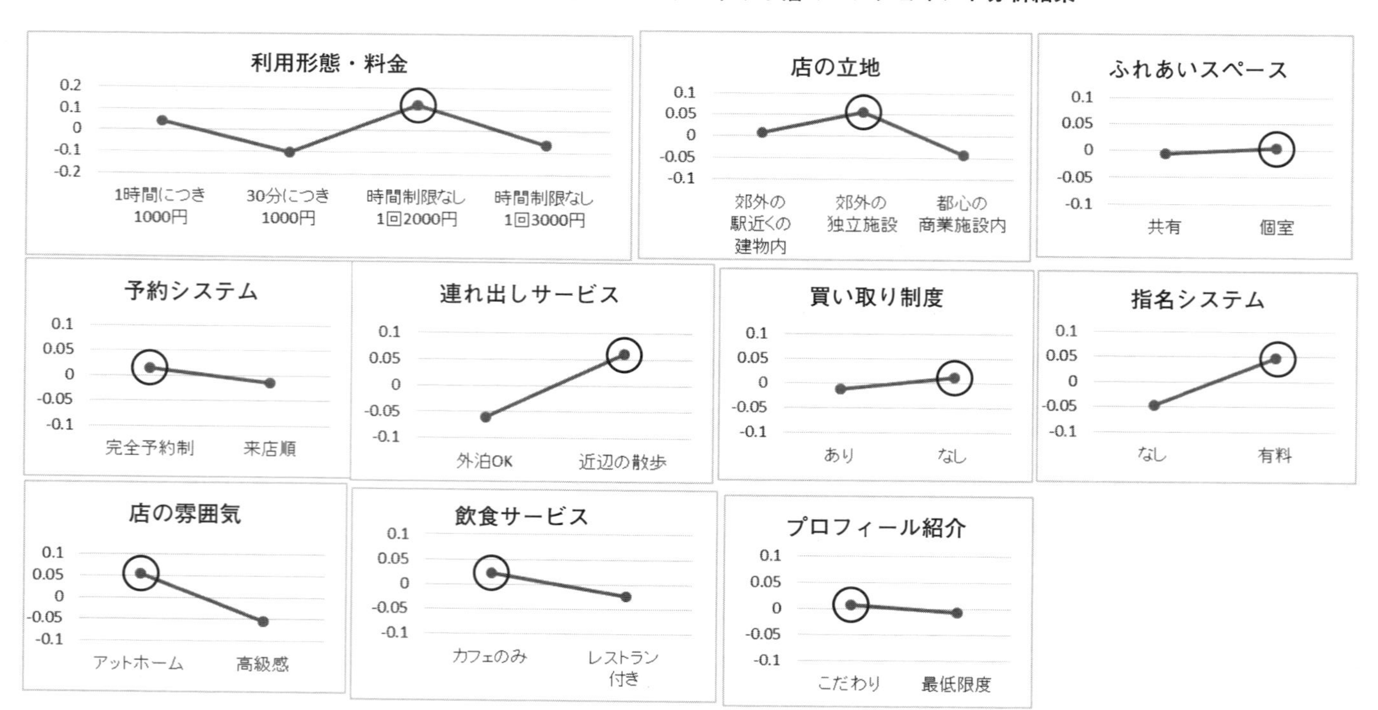

# 10.6 最終提案

最終提案ではコンジョイント分析の結果だけでなく，その他項目の集計結果などを参考にして価格や犬種，イベントなどを盛り込んだ.

# 第11章

# アニメファンが歓喜する聖地巡礼プランの提案

## 2011年度神田ゼミナール卒業研究より

**ここがポイント！**

神田ゼミナールでの臼井孝拓氏らの卒業研究であるが，今日のアニメ聖地巡礼ブームとそのためのサービスを提案しており，先見性に脱帽する見事な研究である．趣味や観光に関するサービスの商品企画にもP7手法が極めて有効であることを立証した．

## 11.1 はじめに

聖地巡礼という言葉を聞いたときに何を想像するだろうか．一般的に聖地巡礼といえば宗教における聖地を訪れることを指す．しかし，本事例の聖地巡礼はアニメ・漫画に登場した場所を訪れることを意味する．このようなことは昔から存在し，コンテンツツーリズムと呼ばれていた．例えば映画『ローマの休日』の舞台になったスペイン階段に行きそこでジェラートを食べるような旅行である．そのようなコンテンツツーリズムの1ジャンルとして特にアニメなどの舞台を訪れる旅を「聖地巡礼(アニメツーリズム)」として位置づけている．

日本における「聖地巡礼」は町おこしの手段として官民が注目しているが，本事例の筆者は学生時代にさまざまな場所へ聖地巡礼を行った際に以下のような不満を感じた．

① 探訪者が聖地を探す際，作品ごとに情報の質が異なり，より完全な

「聖地巡礼」を行うにあたり情報取得のために相当な労力が必要となる.

② 観光地として整備されていない場所が聖地となっている場合があり，交通機関の状況を把握するのが困難な場合がある.

③ 観光地として整備されていない場所だとどこにどのような商店や食事処があるかわからず，歩き回って探すなどの手間が掛かる.

これらを解決し，巡礼者の潜在ニーズを満たすサービス・商品をつくれないかを本研究で提案した.

## 11.2 インタビュー調査

まず，聖地巡礼についての現状を調べるため，このことに関心や経験のある方を対象にグループインタビューを行った.

インタビューのシナリオは以下のとおりである.

① 現状把握

- 聖地巡礼に行ったきっかけ
- 聖地巡礼に行った理由
- 利用する交通機関
- 必ず持っていくもの
- 今までに行った聖地
- 現状の不満・問題点

② 聖地巡礼への要望

- 今行きたい聖地
- 案内にどのようなものが欲しいか
- 聖地巡礼で何を行うか

大学生4名に対してグループインタビューを実施し，以下のような結果を得た(要約).

**【不満】**

- 現地の交通機関(特にバス路線)がわかりにくい.
- 市街地化していない場所だと交通費が高くつく.
- 思ったほどの感動が得られないときがある(現地と作品のイメージが乖離).
- 場所などを調べるのに手間がかかり，出発前の準備が大変である.

**【要望】**

- 一人でもいいが，仲間と感動を分かち合いたい.

- 世俗化するのは嫌だが，ガイドブックのようなものが欲しい．
- 現地での案内が欲しい．だが調和を乱す余計な案内はいらない．
- お土産はあまり買わないが，クオリティの高いものなら買う（人に自慢ができるようなもの）．

グループインタビューのまとめとして，聖地巡礼の願望を実行へ移すためには，「作品の雰囲気を尊重し，感動できる聖地と，訪れやすさ，他人と共感できる機会」が必要なのではないかという仮説を得た．

# 11.3 アンケート調査とその分析

## (1) アンケート調査の設計

グループインタビューの結果をもとにして，以下のような聖地巡礼を促進するための仮想サービスを12件用意した．

① 京都市内など多くの作品に登場しているエリア内の電車・バスのフリーパス，スマートフォンのガイドブックアプリがセットになっていて，事前に調べなくても巡礼を楽しめる．

② 拡張現実（AR）を使ったアプリで聖地でのカメラアングルや作品に関する情報を手軽に知ることができる．

③ 聖地ごとに設定されたチェックポイントを回ると，現地のお店で割引や記念品進呈のサービスがある．すべてを回り切るとその作品のグッズ（非売品）がもらえる．

④ スマートフォンのアプリに予め好きな作品を登録しておき，後日その作品の聖地に近づいたらアプリが知らせてくれる．

⑤ 宿泊する宿の部屋が作品のキャラクターの部屋や，作品をモチーフにした部屋になっている．

⑥ 宿泊する宿の食事に，作品にちなんだ料理が振る舞われる．

⑦ 宿泊する宿で作品のキャラクターの制服やコスチュームなどが無償で貸し出され，自由にコスプレできる．

⑧ ブログで宿泊する宿の宣伝をすると，キャッシュバックを受けられる．

⑨ 巡礼に行かないとわからない，作品に関連したクイズが出題されるア

プリ．正しく答えていくと，限定のグッズがもらえる．

⑩　聖地巡礼に特化したSNSサイトを作成する．

⑪　聖地に作中使用の小道具などが展示されており，実際に触れることができる．

⑫　聖地で現地の名産品と作品がコラボしたお土産を売っている．

これらの仮想サービスを，グループインタビューの結果をもとにして抽出した評価用語を用いて5段階で評価してもらった(**図表11.1**)．

**【評価用語一覧】**

- 気軽そう
- 楽しめそう
- 感動しそう
- 他の人と交流できそう
- 自慢できそう
- 人に勧めたい
- わかりやすそう
- 新しい価値を感じる

**【総合評価】**

利用したい

**図表11.1　聖地巡礼の事例・アンケート調査票(一部)**

5：そう思う，4：少しそう思う，3：どちらでもない，2：あまりそう思わない，1：そう思わない

| | | 気軽そう | 楽しめそう | 感動しそう | 他の人と交流できそう | わかりやすそう | 自慢できそう | 人に勧めたい | 新しい価値を感じる | 利用したい |
|---|---|---|---|---|---|---|---|---|---|---|
| 右のように数字を5段階で書き込んでください | 例 | 3 | 2 | 5 | 4 | 3 | 3 | 2 | 1 | 2 |
| ①　京都市内など多くの作品に登場しているエリアの電車・バスのフリーパスとスマートフォンのガイドアプリがセットになっていて，事前に調べなくても巡礼を楽しめる． | | | | | | | | | | |
| ②　セカイカメラなど拡張現実(AR)を使ったアプリで聖地のカメラアングルや情報を手軽に知ることができる． | | | | | | | | | | |

### (2) アンケート調査の実施

12の仮想サービスに対するアンケート調査を計2回実施し，計125名の回答を得た．

- 1回目：対面調査．埼玉県秩父で行われた祭事の観光客
- 2回目：インターネット上で回答者を各種SNSで募集

どちらの回もアニメ・ゲーム・漫画に興味のある方を対象に実施した．

回答者の構成は，男女比が約7：6でほぼ同数，年齢構成は20代がメイン(64%)となり30代，10代と次いでいる．

この中で，女性は聖地巡礼についてのライトユーザーが多いが，生活に対するアニメ・ゲーム・漫画の影響度(注：回答者の日常生活にアニメ・マンガ・ゲームがどれだけ影響しているかを回答者の主観で答えてもらった値)は非常に高いものとなっている．

女性の聖地巡礼に行かない層に対して，その理由を聞いたところ，面倒，金銭的負担，同行者の不在，行くだけの興味がない，という回答が多かった．このような潜在ユーザーに対しては，より気軽に良質な情報の提供を行い，軽い気持ちで聖地巡礼に行ける仕組みや，金銭的負担の軽減(値引き以外にも特典などを付加して単価を下げずに満足度を向上させる)，友人などを誘ってともに聖地巡礼を行えるような仕掛けを構築すれば，巡礼者の数を増やせるのではないかと考えた．

### (3) スネークプロット

**図表11.2**に示すとおり，「楽しめそう」，「感動しそう」，「自慢できそう」，「人に勧めたい」については総合評価「利用したい」との相関が高いと推測される．

女性が聖地巡礼を行う割合が低かったため，女性のみのスネークプロットも作成した．女性では全般に総合評価が男性より高く，楽しめそう，感動しそう，自慢できそう，の3項目が総合評価に対して特に強い相関関係にあり，これらの要素が重要であると考えられる．

図表 11.2　聖地巡礼の事例・全体のスネークプロット

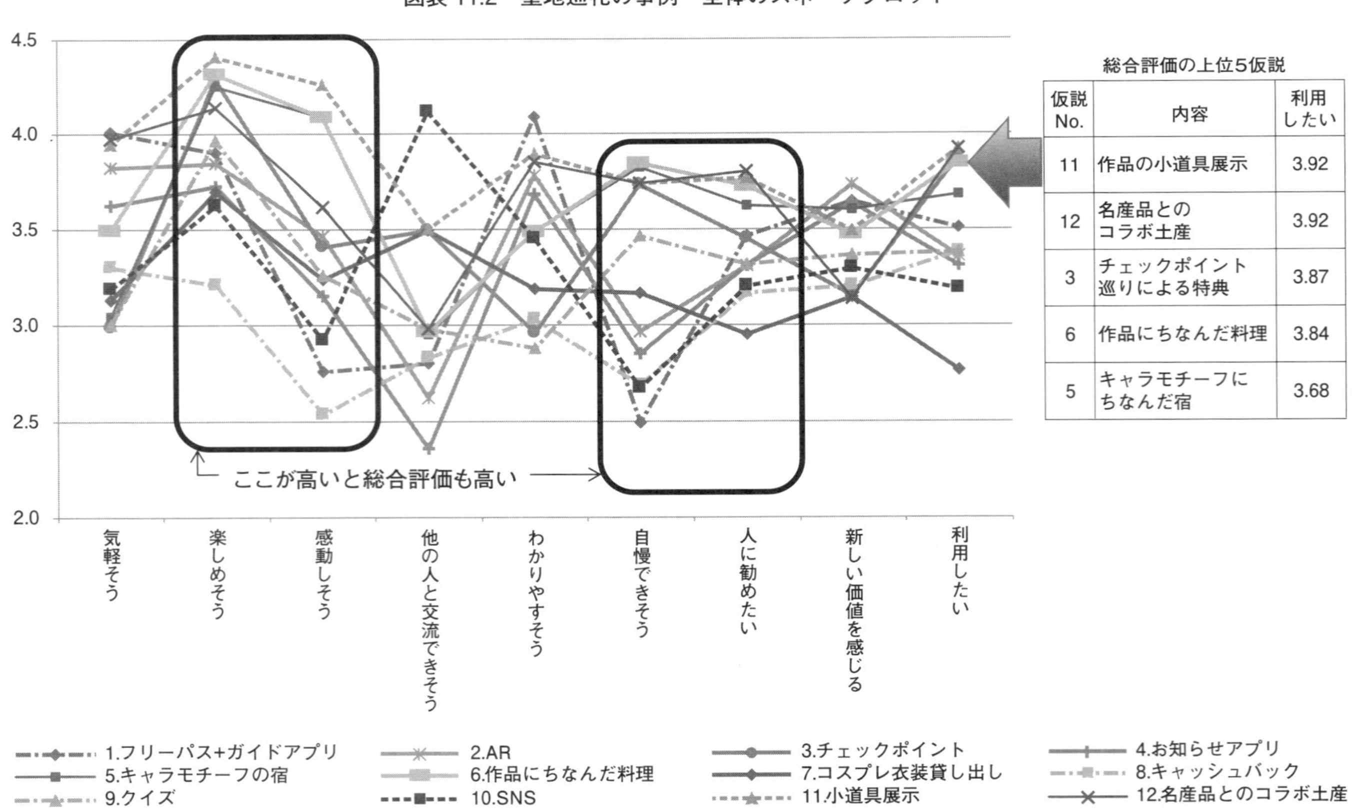


総合評価の上位5仮説

| 仮説No. | 内容 | 利用したい |
|---|---|---|
| 11 | 作品の小道具展示 | 3.92 |
| 12 | 名産品とのコラボ土産 | 3.92 |
| 3 | チェックポイント巡りによる特典 | 3.87 |
| 6 | 作品にちなんだ料理 | 3.84 |
| 5 | キャラモチーフにちなんだ宿 | 3.68 |

### (4) ポジショニング分析

先に挙げた評価用語を用いて因子分析を行ったところ，3因子のモデルとなり(**図表 11.3**)，各因子の意味を次のように定義した.

- 因子1：感動共有(楽しめそう，感動しそう，自慢できそう，人に勧めたい)
- 因子2：気軽さ(気軽そう，わかりやすそう)
- 因子3：目新しさ(人に勧めたい，新しい価値を感じる)

さらに総合評価と因子得点を用いて各因子の影響度を重回帰分析で算出すると因子1：因子2：因子3は4：3：3となった.

**図表 11.4** に示した以外にも2枚のポジショニングマップを作成し，性別・年代・経験有無などさまざまな層に分けて分析した.

「11. 小道具の展示」と「12. 名産品とのコラボレーション土産」がすべての図でほぼ理想ベクトル付近にあるが，位置は先端方向にはないため，どちらもマップ右上のほうへ移動させるとさらに良い．また「1. フリーパス＋ガイドアプリ」についても，現在はすべてのプロットが第2象限に固まって位置し，感動共有という観点からはマイナスとなるが，気軽さでは0.6前後にあるため，これ単独でさらに感動を共有できる仕掛けにすることや，感動共有の高いアイデアと組み合わせて補完することで，その不足分を補えそうである.「5. キャラモチーフの部屋への宿泊」や「6. 作品にちなんだ料理」についてもそれぞ

**図表 11.3 聖地巡礼の事例・因子負荷量**

| 変数名 | 因子1 | 因子2 | 因子3 |
|---|---|---|---|
| 気軽そう | 0.181 | 0.785 | 0.147 |
| 楽しめそう | 0.665 | 0.408 | 0.257 |
| 感動しそう | 0.758 | 0.209 | 0.274 |
| 他の人と交流できそう | 0.224 | 0.138 | 0.348 |
| わかりやすそう | 0.182 | 0.575 | 0.381 |
| 自慢できそう | 0.640 | 0.073 | 0.430 |
| 人に勧めたい | 0.496 | 0.326 | 0.539 |
| 新しい価値を感じる | 0.287 | 0.282 | 0.480 |

図表 11.4　聖地巡礼の事例・ポジショニングマップ（因子 1・因子 2）

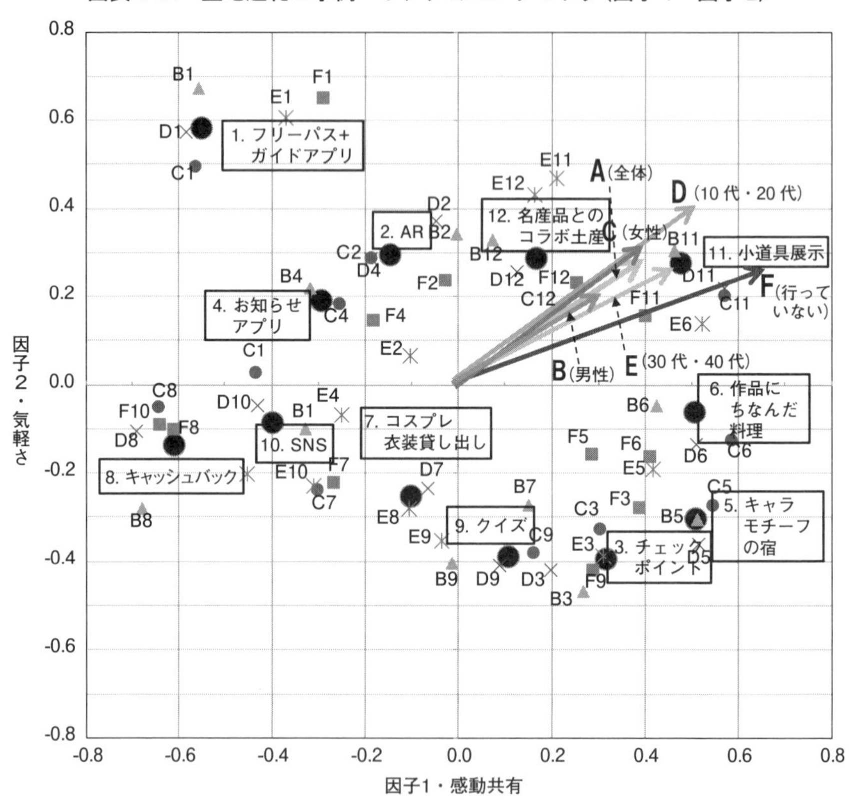


● 全体A　▲ 男性B　● 女性C　× 10代・20代 D　✳ 30代・40代 E　■ 行っていないF

れで気軽さを高めることや他のアイデアとの組合せで補強することができると考えられる．

# 11.4 コンジョイント分析

## (1)　コンジョイント分析の属性と水準

ポジショニング分析で理想ベクトル方向にあった仮説をもとにして属性・水準を作成した．採用した仮説は総合評価の平均値が 3.5 以上のもの，他のアイデアを補完することで活用できると考えたものなどである．今回は旅程に関するもの，および施設・サービスに関するものの2つのコンジョイント分析を実施した．直交表はいずれも $L_8$ 直交表を用いた．**図表 11.5〜11.6** に属性と水準を示す．

これらをもとに各々8種類を作成して評価した．コンジョイント分析のアンケート調査はインターネット調査でアニメ・ゲーム・漫画に興味がある層に対して実施した．回収結果は，男女比がほぼ同数，年齢は20代の学生が大半を占めている．

### (2)　コンジョイント分析の結果

(a)　旅　　程

旅程についてのコンジョイント分析の結果であるが，名産品とのコラボレーション土産の効用値が価格の倍という結果が得られた（**図表 11.7**）．価格を1,000円にしても土産がしっかりしていれば効用値を上げることができる．ガイドについてはスマホアプリのほうが効用値が高くなると考えていたが紙媒体のほうが良いという結果が得られた．これはアンケート調査の結果で出てきた

**図表 11.5　聖地巡礼の事例・コンジョイント分析1（旅程に関する属性と水準）**

| 項目 | 水準1 | 水準2 |
|---|---|---|
| チケットの種類 | 自宅最寄駅から聖地最寄駅までの鉄道往復乗車券 | 自宅最寄駅から聖地最寄駅までの鉄道往復乗車券と聖地周辺の交通機関乗り放題フリーパス |
| 聖地周辺の案内 | ガイドブック（冊子） | スマートフォンのアプリケーション |
| 付属サービス | 聖地についてのクイズを出題し，正解すると現地のお店で割引や商品をプレゼント．答えは聖地の各チェックポイントに隠されているので実際に聖地に行かないと答えられない． | 聖地や作品についてのクイズを出題し，正解すると現地のお店で割引や商品をプレゼント．答えは作品内などに隠されており，聖地までの移動中に答えることも可能． |
| お土産 | 地元の名産品とコラボレーションしたお土産付 | なし |
| 価格 | チケット代 +500円 | チケット代 +1,000円 |

**図表 11.6　聖地巡礼の事例・コンジョイント分析 2(施設・サービスに関する属性と水準)**

| 項目 | 水準 1 | 水準 2 |
|---|---|---|
| 宿泊部屋 | その宿の一般的な 1 泊の料金に +2,000 円追加することで作品に登場したキャラクターの部屋や作品の世界観を取り入れた部屋に宿泊できる. | その宿の一般的な 1 泊の料金に +4,000 円追加することで作品に登場したキャラクターの部屋や作品の世界観を取り入れた部屋に宿泊できる. |
| 料理 | その宿の一般的な 1 泊の料金に +1,000 円追加することで作品に登場した料理や作品の世界観を取り入れた料理の提供を受けることができる. | その宿の一般的な 1 泊の料金に +2,000 円追加することで作品に登場した料理や作品の世界観を取り入れた料理の提供を受けることができる. |
| モーニングコール | モーニングコールが作品のキャラクターの声(CV)になっており, キャラクターの声で起こしてくれる. | なし |
| 小道具展示 | 作品に登場する小道具などが展示されており, 実際に触れることができる. | なし |
| コスプレ衣装貸出 | コスプレ衣装の貸し出しがあり, 宿泊している部屋以外に着たまま周辺の聖地を周ることもできる. | なし |

感動共有ができるという点が影響しているのではないかと考える. その他, チケットやクイズに関してはあまり大きな影響を与えないという結果が得られた.

女性のみのデータを抽出して分析を行うと, 全体と大差はないが, 最大の効用値は 0.3 を超えないものの, クイズ(あり・どこでも), ガイド(ガイドブック)についての項目は効用値が高くなっていて, 男性よりもさらに感動を共有したいという気持ちが強いのではないかと考える.

(b)　施設・サービス

施設・サービスについての結果は, 価格の影響度が非常に大きくなってしまっている(**図表 11.8**). 女性に関しても同様の結果が得られた. 回答者の中からコスプレに興味のある人を抜き出し(全体の 70%), 再度コンジョイント分

図表 11.7　聖地巡礼の事例・コンジョイント分析（旅程）

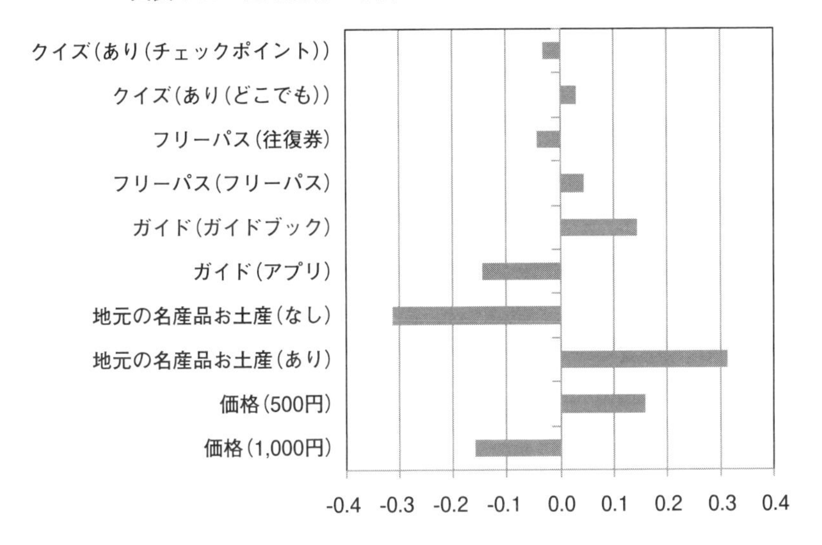


図表 11.8　聖地巡礼の事例・コンジョイント分析（施設・サービス）

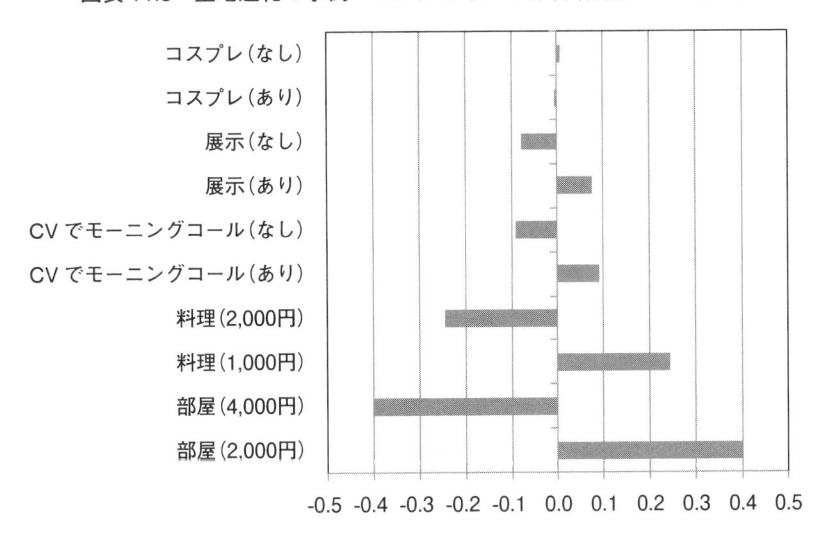




析を行ったところ，（当然ではあるが）コスプレの効用値については上昇した．

# 11.5 最終コンセプト

旅程，および施設・サービスの各最適水準は**図表11.9**のようになった．

また，その水準での利用意向の推定値は**図表11.10**のようになり，かなりの高評価を得たと考えられる．

**図表11.9 聖地巡礼の事例・コンジョイント分析結果のまとめ（最適水準）**

〈旅程〉

| 項目 | 最適水準 |
|---|---|
| チケットの種類 | 自宅最寄駅から聖地最寄駅までの鉄道往復乗車券と聖地周辺の交通機関乗り放題フリーパス |
| 聖地周辺の案内 | ガイドブック（冊子） |
| 付属サービス | 聖地や作品についてのクイズを出題し，正解すると現地のお店で割引や商品をプレゼント．答えは作品内などに隠されており，聖地までの移動中に答えることも可能． |
| お土産 | 地元の名産品とコラボレーションしたお土産付 |
| 価格 | チケット代 +1,000円 |

〈施設・サービス〉

| 項目 | 最適水準 |
|---|---|
| 宿泊部屋 | その宿の一般的な1泊の料金に +2,000円追加することで作品に登場したキャラクターの部屋や作品の世界観を取り入れた部屋に宿泊できる． |
| 料理 | その宿の一般的な1泊の料金に +1,000円追加することで作品に登場した料理や作品の世界観を取り入れた料理の提供を受けることができる． |
| モーニングコール | モーニングコールが作品のキャラクターの声（CV）になっており，キャラクターの声で起こしてくれる． |
| 小道具展示 | 作品に登場する小道具などが展示されており，実際に触れることができる． |
| コスプレ衣装貸出 | コスプレ衣装の貸し出しがあり，宿泊している部屋以外に着たまま周辺の聖地を周ることもできる． |

図表 11.10　聖地巡礼の事例・コンジョイント分析結果のまとめ（最適水準での利用意向推定値）

| | コンジョイント 1（旅程） | コンジョイント 2（施設・サービス） |
|---|---|---|
| 全体 | 4.15 | 3.88 |
| 女性 | 4.09 | 3.87 |
| コスプレに興味有（3 以上） | — | 4.18 |

■最終コンセプトの PR 文例

一日聖地を巡礼した後，あなたは聖地の地元にある旅館に宿泊します．部屋に通されるとそこには作品にある主人公の部屋と瓜二つな部屋．あなたは自分が主人公，あるいは主人公の友人として部屋に入り込んだかのような体験をすることができます．

その後もあなたにサプライズが続きます．夜の食事には作中に出てきたあの料理や好きなキャラクターをモチーフにしたらこんな雰囲気だろうなという料理の数々に舌鼓を打ちます．この特別なメニューも一人わずか 1,000 円で体験でき，忘れられない思い出となることでしょう．

部屋に戻ると，作中のキャラクターが着ている制服などが部屋にあることをあなたは発見します．この衣装は宿泊していれば自由に着ることができ，着たまま外出するのも可能というものです．しかし，まだコスプレのまま外に出るのは恥ずかしいあなたは，部屋で友人と着替えて記念撮影したりすることで楽しみます．コスプレに興味はあったけれど，なかなか踏み出せなかった体験をあなたは気軽に体験できるのです．

あなたが旅館の中を歩いているとそこには作中に登場した小道具が展示され，セットのように作中の一場面が再現されている場所を発見します．それらは実際に手に触れ使うことができるようになっており，あなたは実際にそれらに触れ，使ってみたりすることで，より作品の世界観に浸かり新しい感覚を味わうのです．

旅館をチェックアウトし，たくさんの貴重な体験と思い出を胸に帰路につくあなた．その手には帰る際に聖地の駅で渡された現地の名産品とコラボレーションした巡礼作品のお土産，今回このフリーパスを利用したことでもらうことのできた非売品です．同行した友人も同じ物をもらい，聖地巡礼に行った証として，そして大切な思い出としてカタチあるものが手元に残りました．

フリーパスは聖地までの一般的な交通費に1,000円追加するだけで，交通の利便性と思い出を与えてくれました．これはフリーパスを利用しなければ体験できなかったことです．

# 第12章

# 親も子も大満足！親孝行サービスプランの開発

## 2012年度ドリームプランナー事例

**ここがポイント！**

ドリームプランナーのサービス企画事例である．親孝行を手助けするサービスをP7手法を駆使して考案し，最終的には親戚を集めての食事会サービスを提案した．情報収集，準備，開催，後のアルバム送付まで，至れり尽くせりのサービスが展開される．

## 12.1 はじめに

「親孝行」というと何を想像するだろうか？　さまざまなものが想像され，したいという意識はあるものの，思うように親孝行ができていない人が少なくないのが現状である(参考資料：キャリア・マム2012年6月の調査など)．そこでチームメンバーは，親孝行をしたいと思っているが実際に親孝行ができていない人たちに喜ばれるサービス案をP7を用いて企画することにした．



## 12.2 グループインタビュー

### (1)　インタビューの計画

このグループインタビューでは親孝行に対してどのようなニーズが存在するのか，どのようなニーズが満たされていないのかを2回のインタビューで調査をした．対象者と質問項目は以下のとおりである．

【調査対象者】

20～40代社会人，2グループ(計9名)に実施

【調査項目】

① 親との関係性

- 親の誕生日や結婚記念日を知っているか．
- 親の趣味や関心ごとは？ それに付き合うことはあるか(買い物，旅行，食事など)．
- 親に関して心配なこと，その心配に対して何かアクションをとっているか．
- 親とのコミュニケーション方法，頻度，それにかける時間．
- 親のデジタルツール使用の有無，頻度．
- 親が自分に連絡してくるときはどんなときか，自分が親に連絡をとりたいときはどんなときか．
- 怒られたときや気まずい雰囲気になったとき，どのようにして関係を修復しているか．

② 親孝行として何をしてきたか．何を望むか．

- 親に感謝したいと思うとき，具体的に親への感謝を形にしたことはあるか(プレゼント，食事，旅行など)．
- その頻度，発案者・計画者は誰か，そのときの自分の気持ち，親の反応．
- 親を喜ばせるアクションをとるとき，何かサービスを利用したことはあるか．
- 親孝行のために望むもの・サービス，価格帯．

### (2) インタビューの結果

インタビューの発言を通じ，子供がもっているさまざまなニーズが浮き彫りになった．

**図表12.1**は発言の概略とわかったニーズ，**図表12.2**は発言を構造化して得られたニーズである．

図表 12.1　親孝行の事例・グループインタビューでの発言とニーズ

| 調査項目 | 発言の一例 | ニーズ |
| --- | --- | --- |
| 親に対する意識・心配ごと | 経済的に心配．将来，家はどうするのか．<br>食欲が減ってきて～身体が心配 | 【ニーズ 1】<br>将来への心配・不安を軽減したい(健康面と経済面) |
| 親から見た自分(それに対して自分は?) | 連絡しなかったときに，(電話が)かかってくるかな，って思ってたら(今頑張ってるだろうからかけなかった)と言われた．はぁー(感動・涙？)**気に掛けてくれている，こと，自体うれしい．**<br>孫の顔を見るまでが親の仕事…．結婚をしないこと自体も心配かけている…？　まだ仕事全うさせてあげれてない．<br>(怒られたこと・気まずいこと)特になくなった．お互い言いたいことを言いたいだけ言って，すっきりして終わる．あとに残らない<br>心配ごとがあるときでも黙って「元気だよ」と言っておきたい(不安感を見せたくない) | 【ニーズ 2】<br>親に心配をかけたくない |
| 家族間コミュニケーションの状況 | お父さんは，そんな仲悪いわけじゃないけど，連絡しない．シャイ．<br>(父について)趣味がない．何か持ってほしい<br>父と母の関係性が謎．お互いが振り返る機会がないのでは？<br>母親は色々とやっている．父はどうせあちこち行ったりしないと母は言うが….<br>お母さん経由で‘感動’したことを聞いた<br>お父さんがイマイチ何を考えてるかわかんないとは言えない | 【ニーズ 3】<br>関係性を再構築したい・してあげたい<br>夫婦間でお互いを振り返ってもらいたい |

図表 12.2 親孝行の事例・グループインタビュー発言の構造化とニーズ

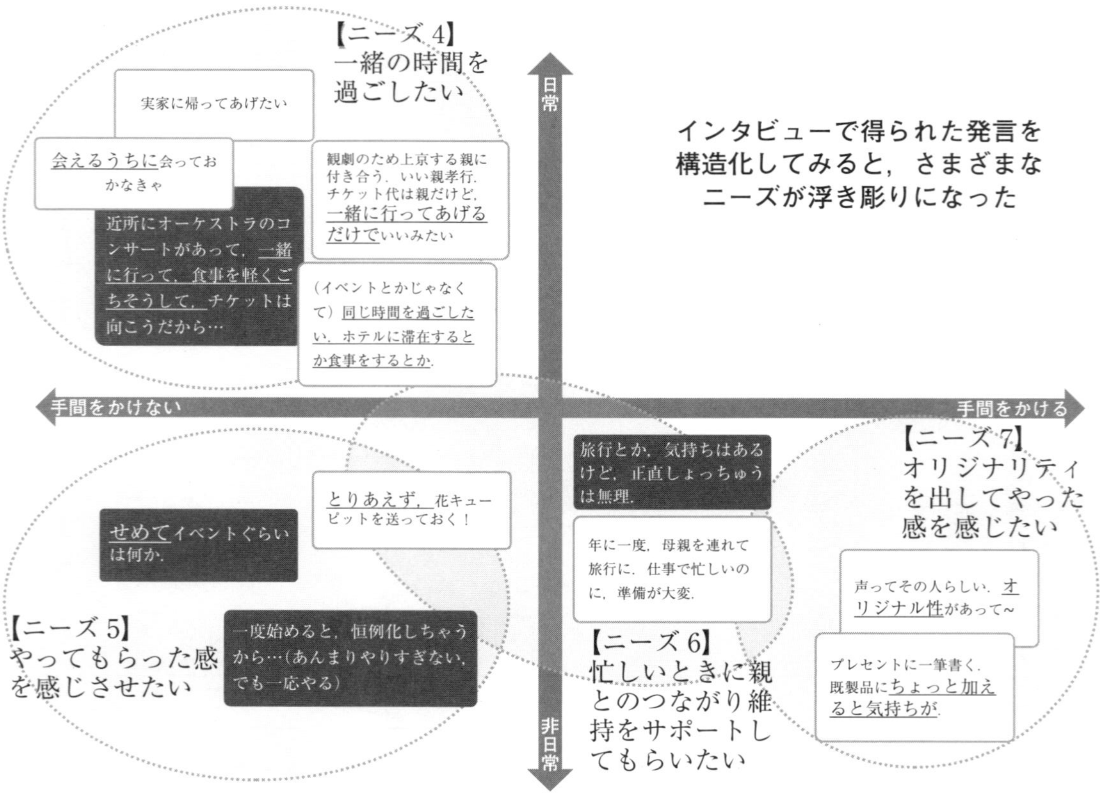

日常

非日常

手間をかけない

手間をかける

【ニーズ4】
一緒の時間を過ごしたい

実家に帰ってあげたい

会えるうちに会っておかなきゃ

近所にオーケストラのコンサートがあって，一緒に行って，食事を軽くごちそうして，チケットは向こうだから…

観劇のため上京する親に付き合う．いい親孝行．チケット代は親だけど，一緒に行ってあげるだけでいいみたい

（イベントとかじゃなくて）同じ時間を過ごしたい．ホテルに滞在するとか食事をするとか．

インタビューで得られた発言を構造化してみると，さまざまなニーズが浮き彫りになった

【ニーズ5】
やってもらった感を感じさせたい

せめてイベントぐらいは何か．

とりあえず，花キューピットを送っておく！

一度始めると，恒例化しちゃうから…（あんまりやりすぎない，でも一応やる）

旅行とか，気持ちはあるけど，正直しょっちゅうは無理．

年に一度，母親を連れて旅行に．仕事で忙しいのに，準備が大変．

【ニーズ6】
忙しいときに親とのつながり維持をサポートしてもらいたい

【ニーズ7】
オリジナリティを出してやった感を感じたい

声ってその人らしい．オリジナル性があって～

プレセントに一筆書く．既製品にちょっと加えると気持ちが．

ここで得られたニーズとメンバーの発想から得られたアイデアを評価し，以下のような11件のサービス案に集約した．また，**図表12.3**はインタビュー調査で得られたニーズとサービス案の対応表になる．

① アルバム作成サービス

親や家族の思い出の写真をアルバムにしてくれるサービス．例えば，親の生い立ちを出身地の当時の風景，ニュース，小中学校の集合写真などを踏まえてアルバム化する場合，その作成補助・代行をする商品．

② 旅行手配サービス

団体旅行ではなく，依頼主自身の要望に応じた旅程を組んでくれて，予約や発券の代行をしてくれるサービス．シニアに向けたオススメ立ち寄り先，ルート案内，交通機関の時刻表，予定変更時の代案，宿・交通機関などの手配を補助・代行する商品．

③ 外食サービス

親の好きな雰囲気の店，料理，サプライズ企画，音楽などのBGMをアレンジするサービス．シニアに向けた外食店の紹介・サプライズ企画を補助・代行するサービス．

④ プレゼントセレクトサービス

親に関する質問項目と，予算範囲など必要条件を入力すると，候補の商品・サービスを提示してくれ，その場で購入できるサービス．年代・性格別おすすめプレゼントをセレクトする商品．

⑤ 親の結婚式企画サービス

子から親へのプレゼントとして，二度目の結婚式をアレンジするサービス．第二の人生に向けた結婚式を企画代行する商品．

⑥ 家事代行

依頼主があらかじめ，親に家事で困っていることを聞き取り，その部分を代行するサービス．普段掃除しにくい高い場所や水回りなどの掃除や食事作成などの家事を代行する商品．

⑦ 親の将来のための保険

親のために，子供世代が加入する保険．医療・介護に充てられる，子供から親に向けた将来への備えをする保険商品．

図表 12.3　親孝行の事例・サービス案とニーズの対応表

| サービス案＼ニーズ | 将来への心配・不安を軽減したい（健康面と経済面） | 親に心配をかけたくない | 関係性を再構築したい・してあげたい，夫婦間でお互いを振り返ってもらいたい | 一緒の時間を過ごしたい | やってもらった感を感じさせたい | 忙しいときに親とのつながり維持をサポートしてもらいたい | オリジナリティを出してやった感を感じたい |
|---|---|---|---|---|---|---|---|
| ①アルバム作成サービス | — | — | ○ | △ | ○ | ○ | ○ |
| ②旅行手配サービス | — | — | ○ | ○ | ○ | — | ○ |
| ③外食サービス | — | — | ○ | ○ | △ | ○ | ○ |
| ④プレゼントセレクトサービス | — | — | — | — | △ | ○ | — |
| ⑤親の結婚式企画サービス | — | — | ○ | △ | ○ | ○ | ○ |
| ⑥家事代行 | ○ | — | — | — | — | ○ | — |
| ⑦親の将来のための保険 | ○ | — | — | — | ○ | ○ | — |
| ⑧親の将来のための積立て | ○ | ○ | — | — | ○ | ○ | — |
| ⑨積立て（娯楽貯金サービス） | ○ | ○ | — | △ | — | ○ | — |
| ⑩名前入れサービス | — | — | — | — | ○ | — | ○ |
| ⑪親戚会企画サービス | — | — | ○ | ○ | ○ | ○ | ○ |

⑧　親の将来のための積立て

兄弟・姉妹で，親のために何かするための資金を共同積立できるサービス．目的に応じて月々の積立金額も提案してくれたり，自分で設定できる商品．

⑨　積立て(娯楽貯金サービス)

親子で楽しむための娯楽資金を積立てる貯金商品．

⑩　名前入れサービス

プレゼントへの名入れサービス．親にプレゼントするために購入した商品に，名前やメッセージ入れを代行する商品．

⑪　親戚会企画サービス

親戚同士だからこそできる話や思い出話に花が咲くような仕掛けがあるお食事や旅行企画．仕掛け内容を選択でき，親族が集まるための場所・交通機関・食事などを企画代行する商品．

# 12.3 アンケート調査

### (1)　アンケート調査の計画

インタビューで得られた親孝行の実態と，前節でまとめられた11件のサービス案について検証すべく，アンケート調査を実施した．

調査は2012年の10月にネットリサーチで実施した．対象者は20代以上の有職者で，親のどちらかは健在であるという条件で抽出した．また，20～60代(以上)と男女でほぼ均等に割り付けを行い360サンプルを回収した．

調査の内容は以下のような3つの柱で構成されている．

①　親と子の関係性を明らかにする(次の仮説1・2の検証)

- 仮説1：親についての情報(趣味，嗜好，暮らしなど)を，子供自身はあまり知らないが，知りたいと思っているのではないか．
- 仮説2：(行動として)親へ何かしてあげたい，という気持ちのベースには「こうしてあげたい」という共通の目的がある．

②　親孝行の形，意識を把握する(次の仮説3～6の検証)

- 仮説3：親の年代・健康・経済状況によって，親孝行の形が異なるのではないか．

- 仮説 4：親と同居しているか否かによって，親孝行の形・意識が異なるのではないか．
- 仮説 5：子供自身の年代・状況によって，意識に差があるのではないか(独立，未既婚など)．
- 仮説 6：親孝行を実行するにあたって，他者に協力を求める，という意識が少ないのではないか．

③　サービス案の受容性

11 件のサービス案の評価・検討を行う．

### (2)　アンケート調査の解析結果

①　単純集計

まずは前項の仮説の部分についての結果を簡単に紹介する．

- 親についての認知度

父親・母親に関して知っていること・知らないことに大きな差は見られなかった．過去から変わらない日常や趣味・好きなことに関しては把握しているようだが，今行きたい場所・欲しいものといった現在の親の状況を知りたいというニーズが見えた．

- 親孝行で重視するポイント

親に喜んでもらえる・心配かけないなど，親の期待に応えたいという思いがうかがえる．また，親孝行をするにあたり，親との理想の関係を築くことが目的の一つであった．

- 現在行っている親孝行について

3 割の方が現状に満足しているものの，3 分の 2 以上の方は親孝行に対して「満足できない何か」を感じている．

- 親孝行企画を誰と行うか

親孝行の企画については，自分自身または兄弟姉妹といった少人数で進められることがポイントである．

② スネークプロット

50代以上の利用意向が低いため，以降の分析からは除外した．20～40代で層別したスネークプロットを**図表12.4**に示す．20～30代では各サービスに関する評価が全体に高く，好意的に捉えられているのに対して，40代ではどのサービスも評価が低い．旅行手配サービス，外食サービス，プレゼントセレクトサービスについて関心が高いが，費用面に関する懸念が高い．

図表12.4 親孝行の事例・年代別スネークプロット

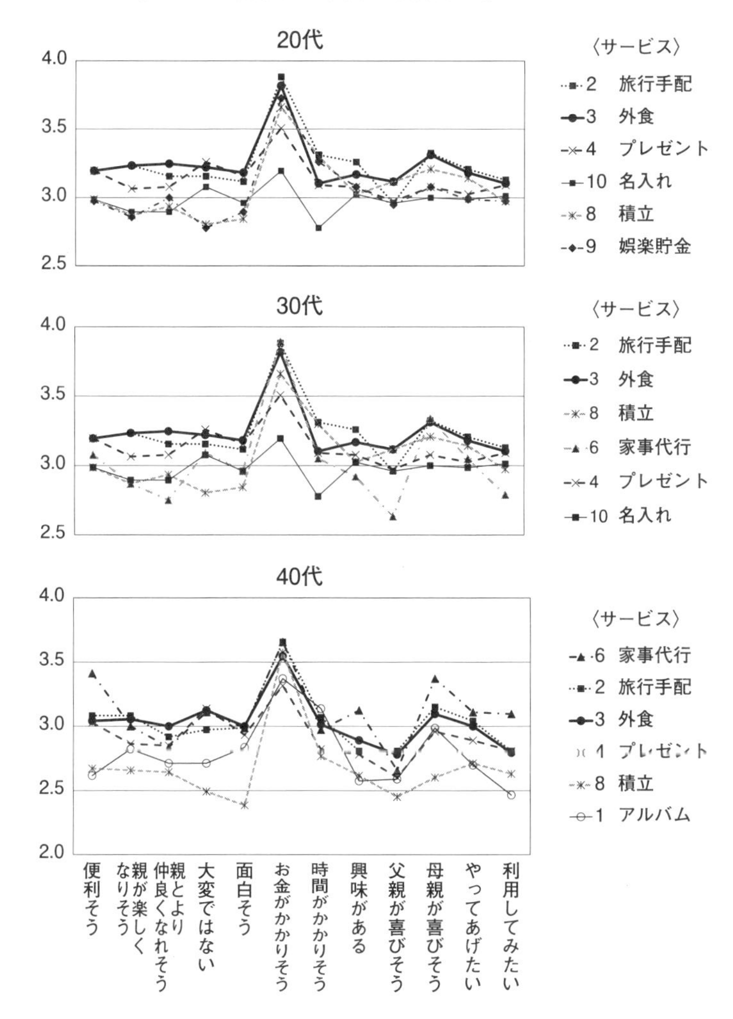

### ③　ポジショニング分析

因子分析では2因子を用い，**図表12.5**のような結果になった．因子の意味付けは因子1が「満足度」，因子2が「負担度」になった．

これらをもとにポジショニングマップを作成すると**図表12.6**のようになった．なお，マップは年代で層別して作成した．その結果，次のようなことがわかった．

- 全体的に満足度は高いが，負担度も高いサービスが多い．
- 年代別に見ると，40代は20代・30代と比べ，どのサービスに対しても，あまり負担感を抱いていない．
- 「旅行手配サービス」は，負担感がやや高めであるが，満足感は高い．
- 「外食サービス」は，20～40代に共通して理想ベクトルの方向に近い．
- 「プレゼントセレクトサービス」は，20～30代には有効であると考えられる．

### ④　CSポートフォリオ

以上の結果から「外食サービス」をメインにコンジョイント分析を進めることとし，外食サービスについて改善点を把握するためにCSポートフォリオを作成した(**図表12.7**)．総合評価への影響度が高く満足度が平均以下の「興味がある」について，評価が高まるよう(興味を引くように)，サービスをさらに検討する必要があることが判明した．

**図表12.5　親孝行の事例・因子負荷量**

| | 満足度 | 負担度 |
|---|---|---|
| 変数名 | 因子1 | 因子2 |
| 便利そう | 0.878 | 0.197 |
| 親が楽しくなりそう | 0.919 | 0.185 |
| 親とより仲良くなれそう | 0.912 | 0.172 |
| 大変ではない | 0.772 | 0.145 |
| 面白そう | 0.869 | 0.193 |
| お金がかかりそう | 0.120 | 0.792 |
| 時間がかかりそう | 0.211 | 0.795 |

図表 12.6 親孝行の事例・ポジショニングマップ(年代で層別)

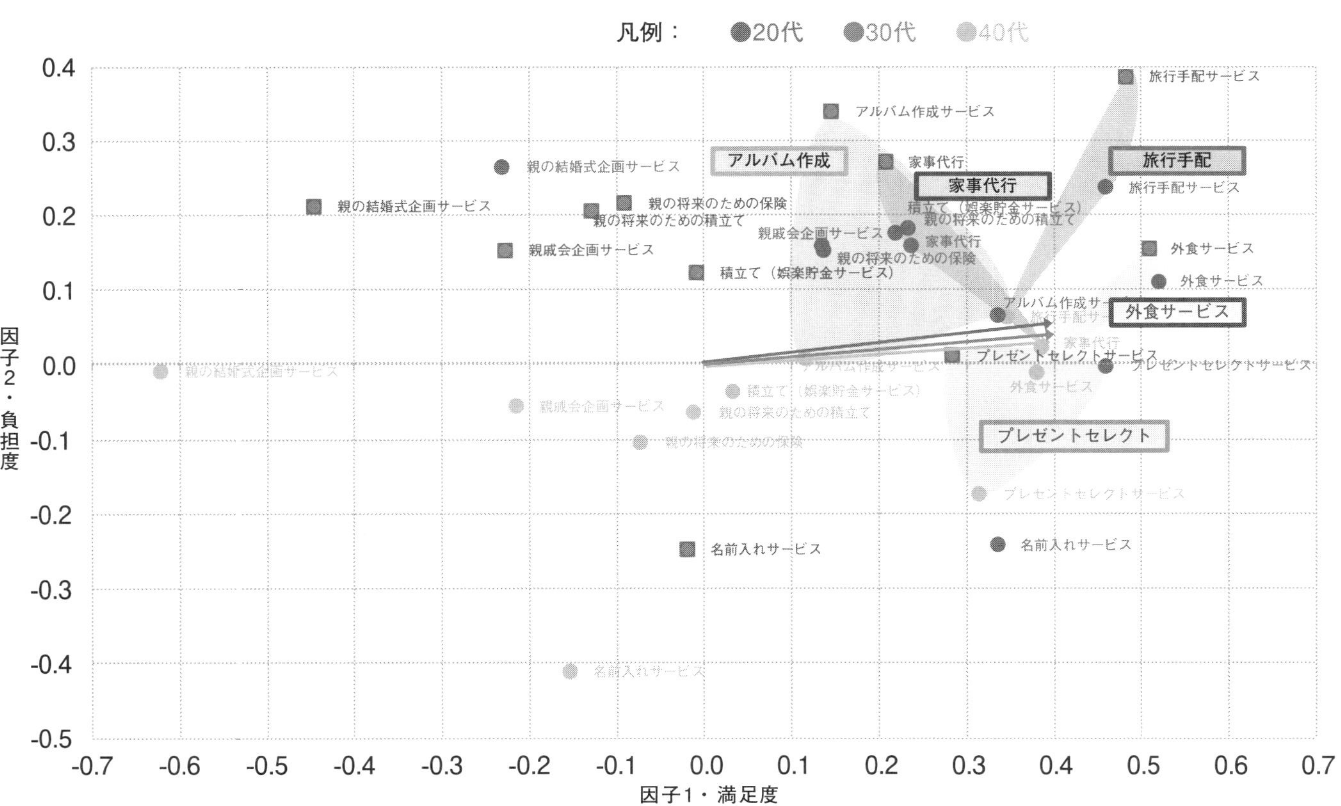

図表 12.7　親孝行の事例・外食サービスの CS ポートフォリオ

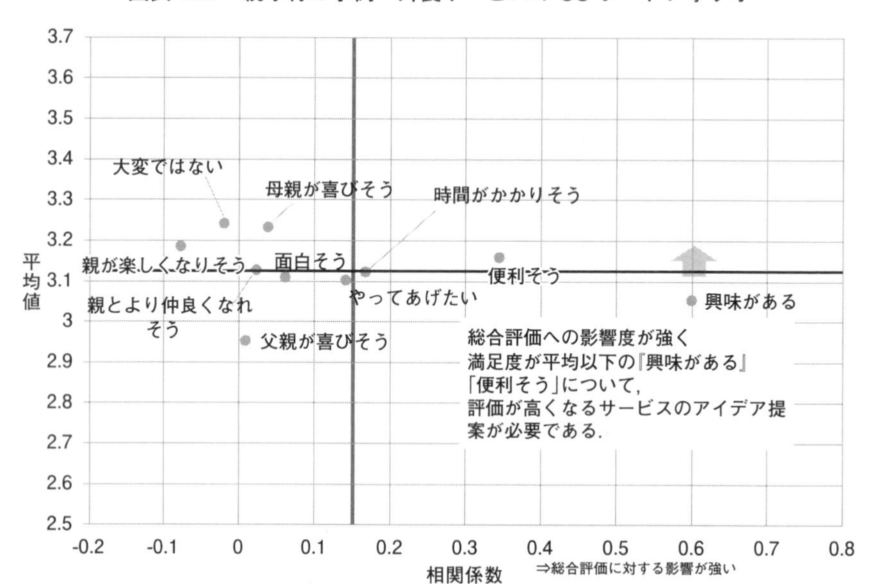


# 12.4 アイデア発想法

グループインタビューで把握できたニーズとアンケート調査の結果をもとに外食サービスについてのアイデア出しを行った．主要なアイデアとそれに至った経緯を**図表 12.8** に示す．

# 12.5 コンジョイント分析

## (1)　コンジョイント分析の設計

コンジョイント分析のアンケート調査については，居住地を問わず，20～40代で両親のいずれかが健在かつ 70 歳以下の有職者 300 名に対して実施した．アンケート調査の内容は**図表 12.9** に挙げる 8 つの項目(属性)とアイデア(水準)の組合せを評価してもらうものである．

図表 12.8　親孝行の事例・新たなアイデア

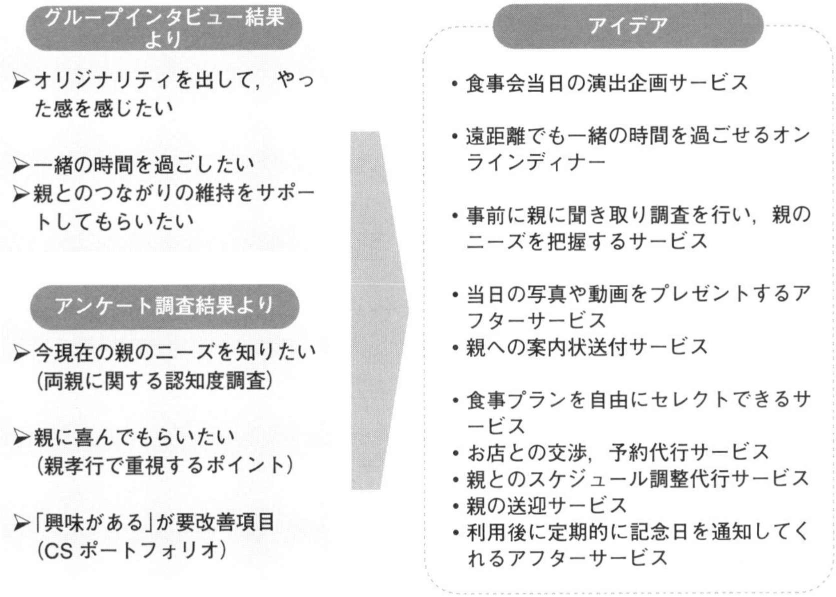

**グループインタビュー結果より**

- ➢オリジナリティを出して，やった感を感じたい
- ➢一緒の時間を過ごしたい
- ➢親とのつながりの維持をサポートしてもらいたい

**アンケート調査結果より**

- ➢今現在の親のニーズを知りたい（両親に関する認知度調査）
- ➢親に喜んでもらいたい（親孝行で重視するポイント）
- ➢「興味がある」が要改善項目（CS ポートフォリオ）

**アイデア**

- 食事会当日の演出企画サービス
- 遠距離でも一緒の時間を過ごせるオンラインディナー
- 事前に親に聞き取り調査を行い，親のニーズを把握するサービス
- 当日の写真や動画をプレゼントするアフターサービス
- 親への案内状送付サービス
- 食事プランを自由にセレクトできるサービス
- お店との交渉，予約代行サービス
- 親とのスケジュール調整代行サービス
- 親の送迎サービス
- 利用後に定期的に記念日を通知してくれるアフターサービス

### (2)　コンジョイント分析の結果

以上の属性・水準を $L_{16}$ 直交表に割り付けを行い，組合せ案を作成した．また，親孝行をするうえでの重視点 14 項目の質問の自己評価(5 段階)に対して因子分析を行い，そこで得られた因子得点を用いて回答者のクラスター分析を行った．3 つのクラスターに分け，その中で「親孝行をしたいけれども現状に満足しない」クラスターに対してコンジョイント分析を行った(**図表 12.10**)．

図表12.9　親孝行の事例・コン

| 項目 | アイデア | | | |
|---|---|---|---|---|
| 打合わせ方法 | インターネット | 対面式 | 電話 | |
| | Webで必要なサービスを選択し，申し込む | 代理店でスタッフと相談をして申し込む | 電話でオペレーターと相談して，申し込む | |
| 基本サービス内容 | お店リストの紹介・リサーチ | お店紹介＋お店との交渉代行サービス | お店紹介＋交渉代行＋当日演出企画サービス | オンラインディナーの設定 |
| | 某外食店情報サイトのように，親子向け食事会に適した飲食店をピックアップして紹介・希望に沿ったお店を紹介してくれるサイトまたはパンフレット | 親子向け食事会に適した飲食店の紹介・希望に沿ったお店の紹介から予約まで代行する． | 親子向け食事会に適した飲食店・希望に沿ったお店の紹介・予約に加え，当日の演出(プレゼント・音楽・ビデオ上映など)，親を喜ばせるために会場で行うイベントを企画サポートまでしてくれる． | 直接会えなくても，オンラインで対面，対話しながら食事ができる |
| 食事プランセレクトサービス | おまかせコース | クオリティーコース | アラカルト | |
| | 事前の要望をもとにした，お店のおすすめ・おまかせコース | 事前の要望をもとに，量より質を重視したお店のおすすめ・おまかせグレードアップ料理コース | 依頼者自信がその場で親と相談し，料理をセレクト | |

ジョイント分析の属性と水準

| 項目 | アイデア：あり | アイデア：なし |
|---|---|---|
| 親への案内状サービス | 事前に招待状(お店への経路案内含む)を親に送付してくれる 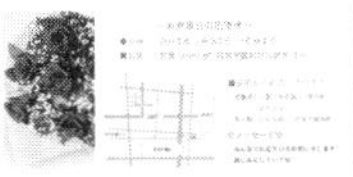 | 依頼者自身が行う  |
| 親とのスケジュール調整代行サービス | 依頼者と親とのスケジュール調整を代行してくれる 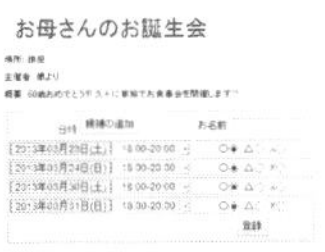<br>お母さんのお誕生会 | 依頼者自身が行う <br>お母さんのお誕生会 |
| 親の送迎サービス | 親を自宅からお店までの送迎をしてくれる  | 依頼者自身が行う  |

| 項目 | アイデア：あり | アイデア：なし |
|---|---|---|
| 親に向けた当日写真・動画等のプレゼント | 当日の写真や動画などを，後日親宛に送付してくれる  | 当日の写真・動画プレゼントなし  |
| 子ども向けのアラート機能 | ご利用後も定期的に家族の記念日を通知し，楽しいプランの提案をしてくれる.  | 記念日の事前通知や，プランの提案なし  |
| 親へのニーズ聞き取り調査 | 代行会社がご依頼者に代わり，料理の好み，立地，興味関心事を親に事前に聞き取りし，食事会に反映する.  | 親へのニーズ聞き取りサービスはなし.  |

図表 12.10 親孝行の事例・最有力クラスターでのコンジョイント分析結果

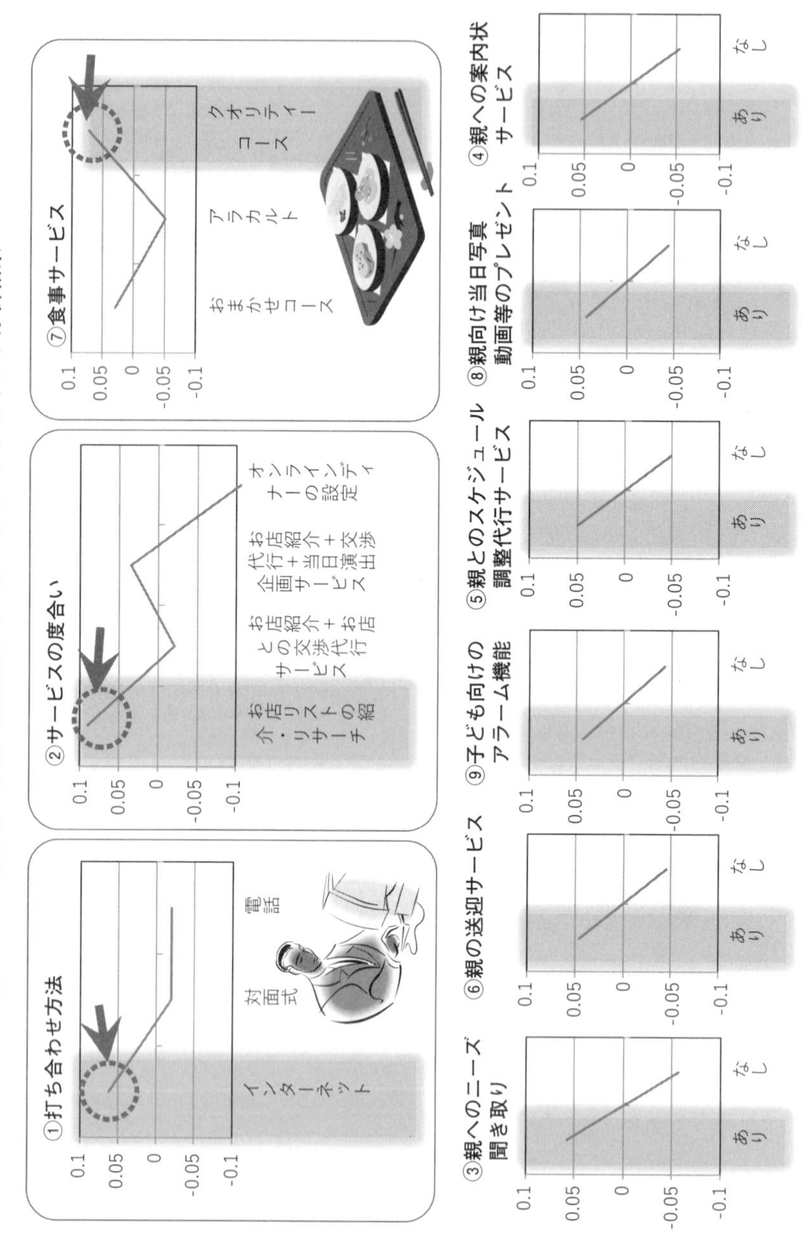

# 12.6 最終提案

コンジョイント分析の結果をもとにメンバーでディスカッションをし，以下の基本サービス2種とセレクトサービス3種を提案した.

## (1) 基本サービス

① 店の検索サービス

食事会開催に向けた店・企画の情報を提供する.

② 両親への事前ニーズ調査

両親の趣味・趣向を事前に調査し，喜んでいただけるサービスを提案する.

## (2) セレクトサービス

① 日程調整と案内状

食事会を実現するために，両親との日程調整を行い，案内状を送付する.

② イベントの企画

誕生日，結婚記念日などの特別な日にイベントの企画と運営をサポートする.

③ 食事会後のサービス

食事会が終わった後に，写真の送付や，他の記念日が近くなったときに事前に通知する.

# 第13章

# FAQ
## あなたの疑問に答えます！

これまで筆者らがよく受けた質問への回答をFAQの形で示します．

### Q1. P7とNeo P7の使い分けがよくわかりません．

Neo P7は画期的な新商品を企画したり，まったく新たな事業展開をするのに非常に優れています．そのためにこそ，仮説発掘法やアイデア発想法が最初に入っています．従来版のP7はインタビュー調査で仮説を発掘し，定量的調査を行いポジショニング分析までやって方向付けして，それに即したアイデアを出すという方法なので，最初の段階（インタビュー調査）で画期的商品を考案するという考え方ではありません．またそれは難しいことです．ただし，従来品や他社商品の中で新たな方向を見出すことは得意としています．

上記の理由で，以下のような使い分けをしています．

- 従来品の改良や変更を主目的にする商品企画⇒P7
- 画期的新商品の開発を主目的とする商品企画⇒Neo P7

### Q2. Neo P7による商品企画を成功するために押さえるべきカンどころとは，何でしょうか？

① ターゲット層は広めにとる

極めて具体的な狭い範囲のターゲットの設定はわかりやすいですが，外れる可能性も高くなります．ターゲット層は広めにしておいて，分析の過程で絞り込むべきです．

② 大量の仮説を創出する

Neo P7の最大の特徴は初めの段階で仮説を出すことです．しかも，きちんと実施すれば大量の仮説を得ることができます．「多数の」仮説からは「優れた」企画案を生むことが可能です．

③ 定性的手法と定量的手法の両方をきちんと実施する

前半は定性的手法，後半は定量的手法です．このどちらかで手を抜くと，バランスが崩れ，良い結果が出ません．前半をうまくできないと良い案を創出できず，後半がいい加減だと確証が得られません．

④ 自分を高める

良好な仮説を生むためには，手法に強くなるのみでなく，感性や好奇心を高め，いろいろな情報を集め，いろいろな経験をすることです．同じ目標に向かって同じ手法を用いていても，優れたアイデア，深いアイデアを多数創出できる企画者になりたいものです．

⑤ 粘りと努力

成功した事例の裏には，大抵それを支えた「人」がいます．商品企画にもいろいろな意見，人間関係，圧力などが社内にあると思います．Neo P7は論理的ですから他の方法論に比べると上司や他部門を説得しやすいはずですが，最後は皆さんの粘りと努力です．

### Q3. 新規事業開発でNeo P7を使うことができますか？

もちろんです．どんな新規事業でも，核になるのは販売する商品の内容を決めること(つまり，商品企画)であり，それが確定してから事業の採算性を考案し，戦略を組み立てていきます．商品企画が不十分で曖昧ですと，それ以降はすべて砂上の楼閣となります．ただ，商品企画のみが上手にできても事業企画，事業開発にはなりませんので，注意が必要です．

### Q4. 7つの手法をすべて使わなければならないのでしょうか？

7手法すべてが必要という訳ではありません．特にはじめての実施などでフルセットが無理ならば，次のように考えるとよいでしょう．

アイデア重視の流れなら

仮説発掘法，アイデア発想法，インタビュー調査，アンケート調査
検証重視の流れなら(ある程度仮説が得られているなら)
インタビュー調査，アンケート調査，ポジショニング分析，コンジョイント分析
の4手法を用いたらよいでしょう．
それでも難しいなら，
アイデア発想法，アンケート調査
の2手法ではいかがでしょうか．

### Q5. どのくらいの期間がかかりますか？

少なくとも6番目のコンジョイント分析までが純粋な商品企画で，品質表は作成しないことも結構あります．コンジョイント分析までをフルに実施すると，(他の業務との兼業の程度にもよりますが)短くて3カ月，長くて6カ月ぐらいかかります．じっくり，しっかりやって行くなら8カ月～1年かかります．

それは大変という場合は主要または重要な新商品企画はフルセットで行い，改良品の企画のような，日常的に行う商品企画はなるべく短期バージョンで済ませる，という手があります．

### Q6. 「分析」が多いのでとっつきにくい印象がありますが…….

アンケート調査でのスネークプロット，CSポートフォリオ，またその後のポジショニング分析，コンジョイント分析，クラスター分析はすべて無料ソフト「P7かんたんプランナー」(Q12以降を参照)を用いれば，ごく簡単にできます．文系学生でも立派に使いこなせますので，安心してください

### Q7. 今までのマーケティング手法との違いはどこですか？

① 個々の手法を深く追求する内容は従来のマーケティングにもありましたが，Neo P7はそれらを適切につないで「システム」としたものです．

例えばアンケート調査が適確にできても，その前に仮説案が十分出ていないと困りますし，そのデータから最適な方向が出なければ，無意味です．

FAQ

② 従来の商品企画は，定性的手法(アイデア発想法，インタビュー調査，せいぜい(分析の乏しい)アンケート調査まで)が中心のため，「検証」が不十分でした．そのため，担当者の主観で選んだアイデアをひたすら押すという進め方で，成功確率は勢い低迷します．Neo P7は仮説も大量に出しつつ，検証もしっかり行うので，理想の方法論といえます．

### Q8. 生産財，B to B 商品の企画でも使うことができますか？

そのまま実施するとしたら，相手がどうしても少人数ですので，仮説発掘法，アイデア発想法やインタビュー調査を重視し，アンケート調査以降はなるべく対象者を拡大して，正確な検証に近づける努力をします．

むしろ重要なのはNeo P7を用いて(今まで実施してこなかった)エンドユーザーを調査し，その要望を実現することでヒット商品が生まれることを顧客(納入先)に示すことです．つまり，Neo P7を用いてB to B to Cの立場になって商品企画を行うことです．

本書のオフィスチェアの事例(**第3章**を参照)を熟読してください．

### Q9. 技術者にとって，前半の定性調査は難しそうなのですが…….

Neo P7は実は定性調査もシステム化して，技術者の皆さんでもやりやすくしています．例えば，フォト日記調査は「仮説抽出シート」にまとめることで，漠然とフォト日記を読んで仮説を出すことから大いに前進しています．仮説発掘アンケートはまさにシステマティックな手法ですし，アイデア発想法はすべて定型のチャートを埋める形でアイデアを機械的に創出します．インタビュー調査では評価グリッド法は極めてシステマティックです．

技術者の方々もこうした手法の特長から，簡単に定性調査を実施することができます．

### Q10. 自社では顧客のことをしっかり見ているつもりなのですが，ヒット商品が出ません．

しっかり見ても，その中から画期的なアイデアが出ているとはいえません．

「思い込み」で企画していませんか？　本当に新たなニーズを発見していな

いのではないでしょうか？　そのためには仮説発掘法とアイデア発想法をもっともっと使って，200件くらいの仮説を出してください．たくさん仮説が出れば，その中には必ず予想外のユニークな仮説が何件か存在し，それを検証すれば，絶対にヒット商品の種に巡り会えます．

### Q11. そもそもスーパーマンがいないとヒット商品を企画できないのではないでしょうか？

スーパーマンがいなくても（普通の方がやっても）確実にできるようにするのがNeo P7の体系をつくった最大の目的です．スーパーマンがいればより成功確率が上がり，より大きなヒット商品になりますが，いなくても大丈夫，と断言します．本書でもスーパーマンが各々の事例にいたとは思えません．

### Q12. 「P7かんたんプランナー」はなぜフリーソフトなのですか？

「P7かんたんプランナー」はRという統計ソフトをベースに動いています．RはGNU General Public Licenseという形式のため無料で使えます．さらに「P7かんたんプランナー」はRのプラグインソフトであるR Commanderで動きますのでそれに合わせてフリーソフトにしています．元来，Rは世界中の統計学者が協力して誰もが簡単に，安心して使えるソフトを開発してきた歴史的経緯があり，無料公開が基本の理念となっています．

### Q13. 「P7かんたんプランナー」はどこからダウンロードできますか？

P7かんたんプランナーのダウンロード先は以下のようになります（執筆時点のリンクです）．

成城大学神田研究室ホームページ（2020年4月以降は名称が変わります）
http://www016.upp.so-net.ne.jp/kansemi/P7PLANNER.html
P7 on R Commander plugin download
https://sites.google.com/site/p7onrcommander/download
日科技連出版社ホームページ
http://www.juse-p.co.jp/

### Q14. 一般の統計解析ソフトでポジショニング分析やコンジョイント分析ができますか？

一般の統計解析ソフトでも定量的手法の代表であるポジショニング分析，コンジョイント分析が可能です．その際には「因子分析」と「数量化Ⅰ類」が動くことを確認してください．因子分析は一般の統計ソフトで使われる分析ですが，数量化Ⅰ類については実装されていないものも見られるので注意が必要です．一般的な統計ソフト「SPSS」ではコンジョイント分析は別パッケージに，「SAS」ではそのまま行うことができます．買ってきたままのExcelでは因子分析，数量化Ⅰ類についてはそのままで動かないので難しいです(Excelのアドインやマクロで上記の分析が動けば可能です)．ちなみに「P7かんたんプランナー」では数回のクリックで(まさにかんたんに)結果が得られるので手間がかかりません．その他，一般統計分析，スネークプロット，CSポートフォリオ，クラスター分析もすべて無料なので非常に有用です．

### Q15. クラスター分析を「P7かんたんプランナー」でできますか？

本書には「クラスター分析」の話がしばしば出てきます．「P7かんたんプランナー」は「R Commander」というソフトの上で動かしますが，R Commanderがあれば，コンジョイント分析が可能です．以下の手順どおり，P7メニューではなく「統計量」→「次元解析」→「クラスタ分析」→「階層的クラスタ分析」で行います．「デンドログラム(樹形図)」でクラスター数を決定したら「階層的クラスタリングの結果をデータセットに保存」でクラスタリング結果がデータに貼り付けられます．また，「階層的クラスタリングの要約」で各クラスターの平均値が求められます．

「P7かんたんプランナー」の操作手順は以下のとおりです．

手順① P7 メニューからデータを読み込む．

手順②「統計量」→「次元解析」→「クラスタ分析」→「階層的クラスタ分析」を選択する．

手順③ 変数を選択→「ウォード法」，「ユークリッド距離」，「デンドログラムを描く」をチェックする．

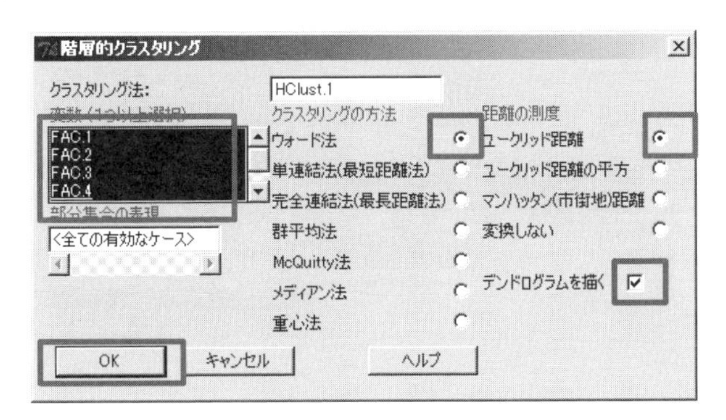

手順④　R GUI にデンドログラムが出るのでクラスターをいくつにするかを決める.

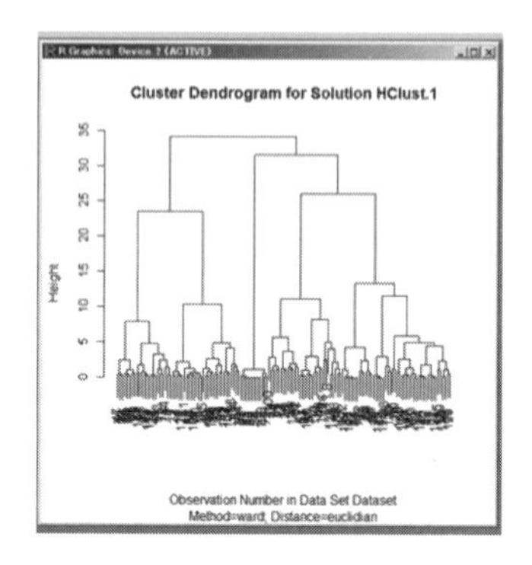


手順⑤　クラスターごとの分析に用いた変数の平均値を確認する.

「統計量」→「次元解析」→「クラスタ分析」→「階層的クラスタリングの要約」を選択する.

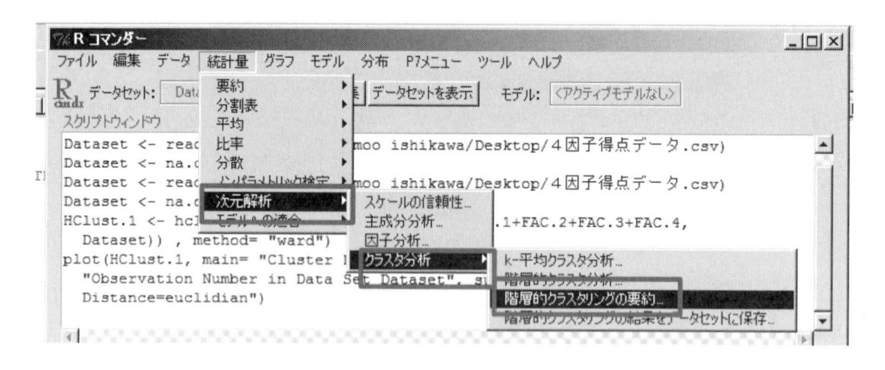

手順⑥　手順④で決めたクラスター数までスライドする．OK ボタンを押すと結果が出力される．

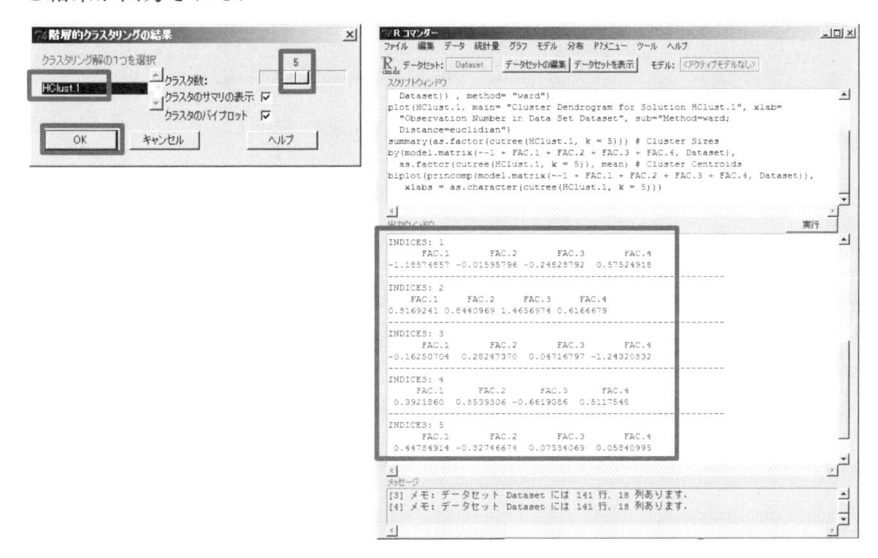


手順⑦　回答者とクラスター番号を紐づけする．

「統計量」→「次元解析」→「クラスター分析」→「階層的クラスタリングの結果をデータセットに保存」を選択する．次の画面で手順⑥と同じようにクラスター数までスライドさせる．

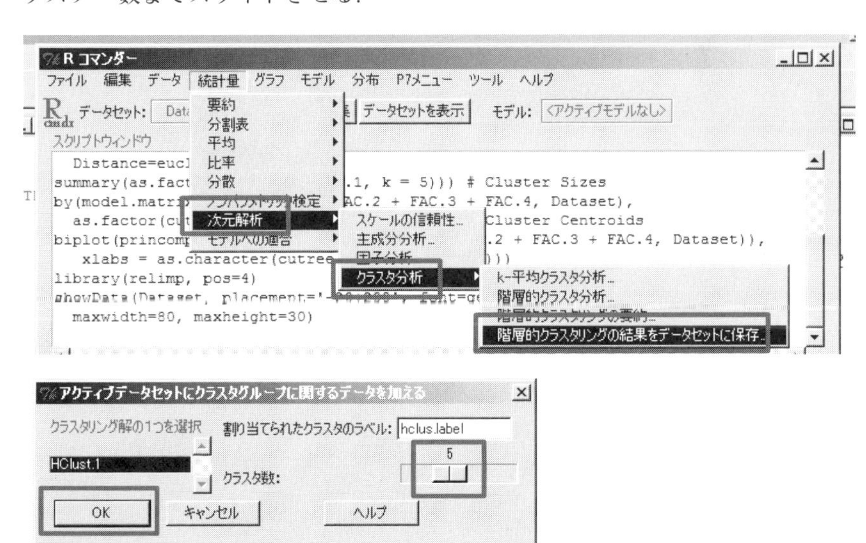

# 参 考 文 献

〈総論・テキスト〉

[1]　神田範明，今野勤，岡本眞一，大藤正(1994)：「商品企画七つ道具の提案」，『第1回TRGシンポジウム要旨集』，日本科学技術連盟.
[2]　神田範明(1994)：『商品企画の新たな展開に向けて―商品企画七つ道具の提案』(品質月間テキストNo.244)，品質月間委員会.
[3]　神田範明，岡本眞一，大藤正，今野勤，長沢伸也(1995)：「商品企画のシステム化について―「商品企画七つ道具」の提案―」，『日本品質管理学会第49回研究発表会要旨集』，pp.13-16.
[4]　神田範明 編著(1995)：『商品企画七つ道具―新商品開発のためのツール集』，日科技連出版社.
[5]　神田範明(1998)：「売れる新商品を企画する7つの手法」，『日経ビジネス』，Vol.930，pp.57-60，1998年3月2日号.
[6]　神田範明・樋口正美(1998)：『共創時代の商品企画ガイド―ヒット商品を生む7つ道具』，産能大学出版部.
[7]　神田範明(1998)：「商品企画七つ道具による商品企画システム」．TQM委員会 編著，『TQM―21世紀の総合「質」経営』，日科技連出版社，pp.214-227.
[8]　神田範明(1999)：「深慮実践・感動商品への道」(連載全9回)，『日経産業新聞』.
[9]　神田範明(2000)：「ヒット商品づくりの最強方程式」，『経営者』，Vol.54，No.5，pp.46-49.
[10]　神田範明(2000)：『ヒットを生む商品企画七つ道具 はやわかり編』(商品企画七つ道具実践シリーズ第1巻)，日科技連出版社.
[11]　神田範明 編著(2000)：『ヒットを生む商品企画七つ道具 よくわかる編』(商品企画七つ道具実践シリーズ第2巻)，日科技連出版社.
[12]　神田範明 編著(2000)：『ヒットを生む商品企画七つ道具 すぐできる編』(商品企画七つ道具実践シリーズ第3巻)，日科技連出版社.
[13]　神田範明 編(2004)：『顧客価値創造ハンドブック―製造業からサービス業・農業まで感動を創造するシステム』，日科技連出版社.
[14]　神田範明(2006)：「商品企画七つ道具」．日経ものづくり 編，『ものづくりの教科書 革新のための7つの手法』，日経BP社，pp.121-164.
[15]　神田範明 監修，石川朋雄・小久保雄介・池畑政志(2009)：『商品企画のための統計分析―Rによるヒット商品開発手法』，オーム社.
[16]　神田範明(2010)：「商品企画・開発編 商品企画七つ道具(P7)」．日経ものづくり 編，『実践ものづくりイノベーション―商品企画・開発・生産現場の組織力を高める』，日経BP社，pp.149-175.

[17] 神田範明(2013)：「Neo P7(新・商品企画七つ道具)の提案—創造的商品企画のための新たなプロセス」,『日本品質管理学会第101回研究発表会要旨集』, pp.99-102.

[18] 神田範明(2013)：『神田教授の商品企画ゼミナール— Neo P7 ヒット商品を生むシステム』, 日科技連出版社.

### 〈Neo P7 各論・R ソフトウェア〉

[19] 岩本理空・邑上彩果・本城桃香・重田祐子(2017)：「USB メモリーの商品企画」, 成城大学経済学部神田ゼミナール2年次最終研究発表.

[20] 百々大和(2012)：「商品企画における仮説発掘手法の開発—日記調査手法の新たなる展開」, 成城大学大学院経済学研究科修士学位論文.

[21] 小久保雄介(2013)：「商品企画における仮説創出手法の開発と活用に関する研究—サービス産業の商品企画プロセスの体系化を目指して」, 成城大学大学院経済学研究科博士学位論文.

[22] 小久保雄介・神田範明 他(2005〜2011)：「新商品企画のための仮説発掘調査の試み」(その2〜6),『日本品質管理学会研究発表会要旨集』.

[23] 讃井純一郎・乾正雄(1986)：「レパートリー・グリッド発展手法による住環境評価構造の抽出：認知心理学に基づく住環境評価に関する研究(1)」,『日本建築学会計画系論文報告集』, Vol.367.

[24] 讃井純一郎(1995)：「ユーザーニーズの可視化技術」,『企業診断』, 1995年1月号, pp.31-38.

[25] 神田範明 他(1990〜1998)：「アンケート調査とその解析に関する一考察Ⅰ〜Ⅷ」,『日本品質管理学会年次大会要旨集』.

[26] 神田範明・小久保雄介・池畑政志・石川朋雄(2009)：「R を用いた商品企画システムの提案」,『日本品質管理学会第89回研究発表会要旨集』.

[27] 神田範明・小久保雄介・石川朋雄(2013)：「R を用いた商品企画ソフトウェアの開発」,『日本品質管理学会第101回研究発表会要旨集』, pp.103-106.

# 索　引

## [英数字]

5段階評価　4, 16, 33, 50, 121
B to B to C　182
B to B 企業　43
B to B 商品　182
B to C　61
CS ポートフォリオ　18, 86, 99, 170, 181
$L_8$　21
——直交表　73, 155
$L_{16}$　21
——直交表　99, 141, 173
$L_{18}$　21
——直交表　22, 38, 50, 114
Neo P7　1, 27, 43, 61, 93, 107, 131, 179, 180
P7　1, 53, 77, 93, 119, 147, 161, 179
P7-2000　1
P7 かんたんプランナー　16, 181
——のダウンロード　183
P7 と Neo P7 の使い分け　179
R　183
R Commander　183
R GUI　186
SAS　184
SNS　150
SPSS　184
Web アンケート調査　135

## [ア　行]

アイデア　iv
アイデア重視の流れ　180
アイデア発想法　1, 3, 7, 44, 62, 87, 132, 179
アナロジー　9
アナロジー発想法　3, 8, 44, 56
アンケート調査　1, 4, 31, 46, 55, 69, 78, 95, 110, 121, 135, 149, 167, 181
——の設計　121
一対比較　55, 78
一般質問　49
一般統計分析　184
因子　19
——得点　35, 56, 115, 123, 153, 173
——の影響度　33, 71, 79, 123, 153
——負荷量　19, 35, 47, 110, 137, 153
——分析　4, 19, 35, 47, 71, 79, 99, 110, 123, 137, 153, 170, 173, 184
インターネット調査　114, 155
インタビュー調査　1, 3, 11, 55, 78, 94, 134, 148, 179
ウェイト　113
ウォンツ　9
売上　58
影響度　18, 19
エコ活動　108
エンドユーザー　43, 182

## [カ　行]

下位概念　15, 55, 82
回帰係数　19, 113
会場調査　78
階層的クラスター分析　184
階層的クラスタリング　184
開発　4
改良型の技術開発　54

花王　53
科学的な発想法　54
仮説　iv
——検証　1
——抽出シート　5, 44, 182
——の絞り込み　11
——の創出　119
仮説発掘アンケート　3, 5, 28, 44, 62, 107, 182
仮説発掘法　1, 3, 5, 28, 44, 179
仮説評価　11
仮想サービス　149
画期的商品の開発　179
環境保全　108
感性　180
神田ゼミナール　5, 27, 44, 61, 77, 147
感動を与えるヒット商品　55
キーワード　9
技術展開　57
技術特性　24
——展開表　57
技術ニーズ　57
技術のボトルネック　57
期待項目　24
機能展開　57
基本サービス　177
基本属性　121
逆設定　8
競合品との差別化　59
クラスター　121, 142, 173
——数　184
——分析　33, 35, 47, 75, 95, 113, 114, 123, 173, 184
グループインタビュー　3, 14, 30, 46, 67, 78, 94, 120, 134, 148, 161
クロス集計　116
研究部門　59
検証重視の流れ　181
現状把握　67, 148
好奇心　180
構造化　162
購買意向　75
購買行動　115, 121
効用値　74, 155
顧客ニーズ　57
——の構造化　55
——の構造化・定量化　54
個人属性　116
コンジョイント分析　4, 21, 50, 72, 87, 114, 141, 155, 172, 181
コンセプト　iv

［サ　行］

サービス産業における顧客価値創造研究会　107, 119
サービスの企画　131, 161
サービスの商品企画　147
最下位概念　82
最終コンセプト　75
最適コンセプト　39, 51
最適水準　23, 50, 74, 88, 104, 114, 116, 142, 158
差別化　54
産学協同研究　27, 44, 61, 77, 107
シーズ主導の開発　54
シェア　58
事業展開　179
次元解析　184
システム　181
——化　182
シチュエーション　110
実験計画法　1
シナリオ　14, 46, 120, 148
自分を高める　180

重回帰分析　19, 56, 110, 153
重要度　47
従来品の改良や変更　179
主観で選んだアイデア　182
樹形図　35, 184
受容性　168
上位概念　15, 55, 82
常識の否定　9
常識を逆転　3
焦点発想法　3, 7, 44, 56, 62
消費者ニーズ　43
商品開発５原則　53
商品企画七つ道具　1
　――セミナー　53
新・商品企画七つ道具　1
新規事業開発　180
水準　21, 38, 50, 72, 99, 114, 141, 155, 172
　――番号　21
数量化Ⅰ類　23, 184
数量化Ⅲ類　121
スクリーニング　110
スネークプロット　17, 32, 47, 71, 79, 95, 113, 136, 151, 169, 181
成功確率　182
生産財　182
聖地巡礼　147
セレクトサービス　177
潜在ニーズ　3, 14, 43, 148
潜在ユーザー　151
全体効用値　23, 74, 114, 116
相関係数　18
総合評価　17, 18, 19, 50, 71, 75, 110, 132, 136, 150, 151
　――点　11
層別　33, 72, 95, 113, 123, 170
属性　21, 38, 50, 72, 99, 114, 141, 155, 172
卒業研究　147

［タ　行］

ターゲット層　iv, 2, 27, 78, 179
ターゲットユーザーの価値軸　59
対面調査　151
多変量解析　1
単純集計　95, 121, 168
中位概念　15, 82
中小企業　61
調査票　31, 55
直交表　21
通販商品　77
定型のチャート　182
定数項　142
定性的　1
　――手法　180
定量的　1
　――手法　180
　――調査　179
デンドログラム　35, 184
統計解析ソフト　184
統計量　184
ドリームプランナー　93, 131, 161

［ナ　行］

ニーズ　77, 94, 161
二元表　57
日本科学技術連盟　1, 53
日本品質管理学会　107, 119
ネーミング案　75
ネットリサーチ　31, 167

［ハ　行］

パッケージデザイン案　75
販売部門　59

ヒット商品　182
評価基準　15
評価グリッド法　3, 15, 55, 78
評価構造図　16, 55, 78
評価項目　4, 16, 18, 55, 56, 71, 121, 132, 137
評価平均値　71
評価用語　150
品質表　4, 24, 57, 181
品質要素　57
フォト日記調査　3, 5, 28, 44, 182
部分効用値　23
ブラッシュアップ　99, 134
ブランド　79
——スコア　58
フリーソフト　183
ブレインライティング　3, 9, 44, 62, 87
ポジショニング分析　4, 19, 33, 47, 55, 71, 79, 99, 123, 137, 153, 170, 179, 181
ポジショニングマップ　19, 47, 56, 71, 79, 99, 123, 153, 170
本調査　69, 135
本評価　11

［マ　行］

マーケティング部門　59

［ヤ　行］

有効回答数　87
要求品質　55, 57
——展開表　57
要緊急改善項目　19, 86
予備調査　31, 46, 69, 135
予備評価　11

［ラ　行］

ライトユーザー　151
ライフスタイル　94
リサイクル　108
理想ベクトル　4, 19, 33, 56, 79, 99, 123, 139, 153
リデュース　108
リニューアル　89
利用意向　114, 142, 158

## ◆著者紹介

神田　範明(かんだ のりあき)［編著者］

1949 年　東京都生まれ
1974 年　東京工業大学工学部経営工学科卒業
1979 年　同大学院博士課程修了(単位取得退学)
同　年　東京外国語大学講師
1984 年　名古屋商科大学助教授，教授
1993 年　成城大学経済学部経営学科教授(同大学院経済学研究科教授を兼務)．その他，明治大学，フェリス女学院大学，山形大学大学院などの講師を歴任

専門は商品企画，市場調査，統計解析，品質管理．システマティックな手法「商品企画七つ道具」を開発普及させ，多くの企業と産学協同研究を行い，ヒット商品企画の指導に従事．日経品質管理文献賞(3 回受賞)．社団法人日本品質管理学会 元理事・副会長．

**【主な著書】**

『神田教授の商品企画ゼミナール―Neo P7 ヒット商品を生むシステム』『商品企画七つ道具―新商品開発のためのツール集』『商品企画七つ道具実践シリーズ(全 3 巻)』『顧客価値創造ハンドブック―製造業からサービス業・農業まで 感動を創造するシステム』(共著含む，日科技連出版社)，『共創時代の商品企画ガイド』(共著，産能大学出版部)，『ものづくりの教科書 革新のための 7 つの手法』(分担執筆，日経 BP 社)．

小久保　雄介(こくぼ ゆうすけ)［著者］

1982 年　東京都生まれ
2005 年　成城大学経済学部経営学科卒業
2007 年　成城大学大学院経済学研究科経営学専攻博士課程前期修了
2013 年　成城大学大学院経済学研究科経営学専攻博士課程後期修了
2014 年　山形大学大学院理工学研究科ものづくり技術経営学専攻　講師
2017 年　成城大学経済学部経済学科　講師

専門は商品企画，市場調査，統計解析，初等プログラミング教育．神田範明教授に師事し商品企画の初期段階における手法開発などを行う．商品企画七つ道具を，よりわかりやすく，万人に使いやすくするべく日々研究中．企業との産学協同研究も行う．

**【主な著書】**

『商品企画のための統計分析―R によるヒット商品開発手法』(共著，オーム社)

**失敗しない商品企画教えます**
リアル事例で学ぶ最強ツール P7 の使い方

2019 年 3 月 28 日　第 1 刷発行

編著者　神田　範明
著　者　小久保雄介
発行人　戸羽　節文

発行所　株式会社日科技連出版社
〒151-0051　東京都渋谷区千駄ケ谷 5-15-5
DSビル
電話　出版　03-5379-1244
　　　営業　03-5379-1238

検　印
省　略

Printed in Japan　　印刷・製本　㈱中央美術研究所


ISBN978-4-8171-9667-5
URL http://www.juse-p.co.jp/